古谷 一郎
伝説
旭屋出版

ご挨拶

どぉも、どぉも！石川遼です……て、いやいや俺です！なんつッ亭の大将こと古谷です。相変わらず浮かれ調子で生きてますが、な、なんと！な、な、なんと！なんと（しつこい！）よりによって本を出すことになりました。っていうか、今読んでいただいていますから「出すことになったじゃねえよ！もうでてるよ！」とつっこみをいただく状況かもしんないですけど……

知らない人は全く知らないと思いますが、俺、もとい僕は神奈川県のはじっこ、秦野《はだの》というところでラーメン屋のオヤジをやってます。

知ってる人は知っていると思いますが、僕は過去に暴走族とかその他もろもろヤンチャをやってきて、27歳までほとんど定職についていませんでした。

最初にゴメンナサイしちゃいますが、この本は「俺、実は、昔……」みたいな告白本とかではありません。もしそれを期待してこの本を手にとってくださった人がいたら、お詫びします。僕はまだ未熟者ですから、自分の過去を洗いざらいお話しできるほど偉くないと思うからです。それに話をすることで周りの人々に迷惑をかけるかもしれない、それが心配だからです。あ、ちなみに話さないといっても何か罪を隠しているとか、時効を待ってるとかではないので、ご安心を（笑）

僕が本を書こうと思った動機は、ある先輩に「本を書いてみろ」と勧められたからです。「本を書けば、自分を見つめ直すことができるよ」というんです。なるほどなあ、と思いはしたものの、いざ書こうと思うと、やっぱりホント、難しい！　ちなみにその先輩には「書くことってなかなかないよ。自分の人生のうすっぺらさが思い知らされると思うよ」とも言われました。まさしくその通り、難しいですねえ。

でも、せっかくやろうと思ったんだから、これも自分への試練というか鍛錬だと思って書いてみます。自分が学んだこと、自分が伝えたいこと、この本を読んでくれた人にとって、ほんのチョッピリでも役に立つ内容にしたいと思っています。

いつもの僕を知ってる人、テレビや雑誌ではなすキャラ、ブログで書いてること、今までの僕とは、ちょっと違う僕を知ってください。まじめに、ていねいに、自分が大事に思っていることだけ。僕に似合わないマジ、いや、まじめな本です、たぶん。

古谷一郎

目次

第2章

「27歳歳から働き出したんだけどさぁ」……035

うまいぜベイビー伝説

第5章

「従業員との奮闘記」……077

第6章

「いろいろあったぜベイビー！」……095

第7章

「オレ東京へ行くぜ！」……109

第8章

「今度は世界へ行くぜ！」……123

最終章

第1章
「俺、27歳まで働かなかったよ」

うまいぜ
大将くん

それなりに良かった少年時代

僕は昭和43年2月17日、元相撲取りの舞の海と同年同日生まれです。おばあちゃんと両親と姉の5人家族、実家は「丹沢食堂」という食堂をやってました。今の本店のすぐ裏あたりです。

どんな食堂だったかというと、長距離トラックの運転手さんが利用する、いわゆる「定期便食堂」でした。親父とお袋が切り盛りし、おばあちゃんが金庫番をしているという家族経営で、メニューも焼き肉定食とかモツ煮込み定食みたいな、ごくありきたりな食堂でしたね。

でも親父とお袋は、ありきたりじゃなかった（笑）。親父は海軍兵学校の出身だったんです。今の人にはわからないと思うけど（実は僕にもわからないんですよ）、海軍兵学校というのは、それはそれはエリートだったんだそうです。今の東大なみ、いやそれ以上だったとか。ちなみに姉も成績優秀だったんですが、その大学入試の勉強も親父が教えてた

小学1年生くらい？店の前で

第1章
「俺、27歳まで働かなかったよ」

創業当初の丹沢食堂

くらいでした。

ところが、親父が卒業直前に終戦。だから生き残れたとも言えるんですが、親父にとっては「頑張ってエリートだったのに行き場を失った」という思いが強かったらしいのです。終戦後、大学へ再入学したりしたそうですが、その後、いろいろあって、僕の生まれた頃には食堂の親父でした。

僕にとって親父は、いつもブスッとしていて、あんまりしゃべった記憶もなくて、よく分からない人でした。今は故人ですが、親父は若い日の挫折をずっと引っ張って生きてきたんだと思います。とても頭のいい人だったし、田舎食堂の親父で終わるような人ではなかった。だからこそ姉や僕には期待もかけていたんだと思います。

一方、お袋は一言で言えば、「タフ」な人だったと思います。聞いた

話ですが、荒れていた親父を立ち直らせたのはお袋だったとか。食堂を実質的に切り盛りしていたのもお袋でした。親父は昔気質で「男尊女卑！」を地でいく感じだったし、さらに言えば、親父は当時としては身長が高くて女性にもてた人でしたから女出入りも結構あったみたいです。そんな親父を陰で支えていた人でした。

でも、お袋にもちょっとした「夫への抵抗」がありました。僕が小学生の頃の話ですが、夏休みになると姉と僕を連れて「家出？」をするんです。

寝ている親父の枕元に、「お暇をいただきます」という置き手紙だけ置いて、姉と僕を連れて実家に帰るんです。もちろん親父には無断で。そして夏休みが終わる頃、何事もなかったように家に戻っていました。お袋も親父も不思議なもので、何も言わずにそれを受け入れていました。お袋も親父も故人になりましたが、今思えば、あれは息抜きだったんでしょうね。

そして姉。姉は子供の頃から優等生でした。勉強はできたし、人望もあって非の打ち所のない人でした。ところが、、ってその後の話はおいおいと。

そんな家族のもとで育った僕なんですが、僕の子供時代は今からは想像できないと思います。まず太ってた(笑)。でも運動は得意な方でした。それに勉強ができた（！）、おまけにおもしろかった（これは今でも変わらない？）から、自分で言うのも何ですが、クラスの人気者でしたね。学級委員をやったり、バレンタインデーのチョコの数ではクラスで1、2を争っていたんですよ。

ワルの道へ

そんな僕が「不良の道？」になんで入っちゃったのか。もう時効だか

イッチニッ！
第1章
「俺、27歳まで働かなかったよ」

ら許してもらえると思って話しますが、きっかけは姉の彼氏でした。

どういうわけか、非の打ち所のない優等生だった姉が、地元（正確に言うと隣町）で評判の不良と交際を始めたんです。なんか陳腐なドラマみたいな話ですが、優等生が不良に惹かれるというのはホントみたいです。やっぱり自分にないものに魅力を感じるんですかねえ。

親父は元々ワルかった人ですから、彼氏を一目見て「この男はダメだ」と見極め、姉の交際に猛反対！ お袋も同様です。

でも走り出した車は止まらない。頭が良かった姉は、親の目をくらます作戦を考えました。僕をダシに使ったのです。

「一郎（僕）と一緒に出かける」と言えば、親は安心して外へ出してくれます。こうして僕は地元の不良グループ、まあわかりやすく言えば暴走族とつきあうようになったんです。

姉には厳しかった両親ですが、僕が暴走族をやっていることには、比較的寛容だったような気がします。「まぁ男だから多少のヤンチャはいいか」ぐらいの感じだったんでしょうか。僕もウソとかあんまりつかなかったので、「これから（暴走族の）集会に行ってくる」と公言して出かけていました。お袋なんか、毎週土曜日（つまり集会の前）には、僕の特攻服にアイロンがけしてくれたり、交通安全のお守りをくれて「とにかく事故しないでね」、さらに2000円を握らせてくれて「ガソリンは満タンにしてね」（つまりガス欠で捕まらないでね？）とかいろいろしてくれましたね。

あと、僕らが集会で走るコースは、ちょうど丹沢食堂（イコール自分の家）の前を通るんです。だから僕らが走る様子を両親と姉が2階の窓から見物してました。ある日、僕がケツ持ち（最後尾を走ること：暴走族の場合、幹部は先頭か最後尾を担当します、って無駄知識）をしていると、親父が窓から「もっと前を走れ！」って叫ぶんです。後ろからお

高校1年生の頃

巡りさんが追っかけていますから、最後尾だと捕まるんじゃないかと心配したんでしょうねぇ。

かといって親公認でもなかった部分もたくさんあったような気もします。お祖母ちゃんが亡くなった時、お袋からお小遣いを渡されて「家に帰ってくるんじゃないよ」と言われたことがありました。親戚に僕の姿を見せたくなかったんでしょうねぇ。

（余談ですが、親父が亡くなって親戚が集まった時、「おまえは古谷一族の代表だ」なんて持ち上げてもらったんですが、「お祖母ちゃんの葬式の時は出入り禁止状態だった」ことを思い出して、ちょっと感慨深かったですね。）

暴走族とのつきあいは、はっきりいって刺激的でおもしろかった。僕自身それまで真面目な子供でしたから、ツッパリにはかっこよさを感じ

ましたし、その上待遇が良かった（笑）。というのも暴走族のリーダーが偶然にも僕の幼なじみだったんです。だから新入りであっても「リーダーのダチ」ということで特別扱いだったんです。さらに言えば、当時中卒が多かった仲間の中で、僕だけが高校に進学したのも、結構一目置かれる理由でした。

さらに言えば、僕の進学した高校は、地元ではそれなりの進学校だったので、

「こいつスゲエんだぜ！　俺たちの仲間なのに○○高校に行ってるんだぜ！」

「スゲエ！」というわけです。変な言い方ですが、不良仲間の星というか、出世頭みたいな立場だったわけです。

結構要領は良かったつもり

そうなると僕は、何としてでも高校生活を無事全うしなければならん

わけです（笑）。なにしろ進学校ですから素行の悪い生徒は厳しく罰せられます。もし暴走族のメンバーだとばれたら、たちまち退学ですよ。服装とか髪型はやっぱりツッパリなので、それらしい格好をしているのですが、生活態度は真面目を心がけました。つまり見た目は不良だが、実は真面目な生徒、という風に思われようとしていたんです。

例えば、僕は2回ほど停学処分（2回とも校内のケンカ沙汰でした）を受けたのですが、その時のペナルティなんかかなり厳しくて、「毎朝授業前に職員室の掃除をする」「放課後は教頭先生とマラソン」でした。普通の生徒でも逃げ出しそうなめんどくさいペナルティですが、僕は真面目にやり通し、先生の信頼をもらいました。それに、停学期間をのぞいて、無遅刻無欠席を守りました。おかげで先生の信頼は、それなりに得られていたと思います。

自分で言うのも何ですが、僕は自分のことを「要領がいい人間」だと

思っていました。昼は名門高校生、夜はバリバリのヤンキー、という2つの顔をうまく演じ分けられると思い込んでいたんですね。

でも、よくよく思い返してみると、ほころびは生まれていました。高校2年の頃から成績が目立って悪くなったのです。高校2年にもなると、授業を聞いているだけではついていけなくなりますよね。やっぱり家でも勉強をしなくちゃダメだと思います。

ところが、僕は暴走族の活動が忙しくて勉強をしているヒマがない(笑)。

このまま成績が下がり続けたらヤバイ。でも「勉強するから俺集会休む」なんて格好悪くて言えませんから手の打ちようもない。まあ困った事態でした。

でもそんなに甘くない、あっさり挫折

まさに綱渡りの二重生活は、あっさり破綻しました。ある事件がきっ

かけで警察に補導されてしまったんです。当然高校にも僕の行状はばれてしまいます。

当時の担任の先生は「なんとか退学だけは」と手を尽くしてくれたのですが、結局、僕は学校を去ることになってしまいました。

正直言ってこれはショックでしたね。自業自得とはいえ、高校中退というのは僕にとって人生最大の挫折でした。僕としては何が何でも守ろうと思っていた「不良と学業の両立?」が崩壊してしまったんです。

でもこれで発憤して生まれ変われたら良かったのかもしれませんが、そうはうまくいかない。ここから僕の迷走が始まるんです。

さて、とにかくやり直そうと思って、調理師の専門学校に入ることになりました。なぜ調理師だったのか、というとうまく説明できませんが「なんとなく他の職業が思いつかなかった」からです。なにしろ食堂の

子だったし、求人誌を読んでいても自然に飲食関係ばかり読んでましたね。でも、調理師学校はちょっとしか行かずに挫折。

そのあと、地元じゃあ気持ちも切り替えられないし、というわけで東京に出て行って、中華料理店やイタリア料理店の厨房で働きましたが、それも結局長続きしませんでした。

よく「人生の転機」とか言いますけど、痛い目にあっただけじゃあ人間は簡単に生まれ変わったりできないと思います。できる人もいるのかもしれないけど、僕にはできなかった。もちろん今の僕は、当時の僕とは違います。生まれ変わったなんて大げさなことは言えないけど、それなりの責任を負ってるつもりだし、努力もしているつもりです。結局、人を変えるのは、小さなきっかけの積み重ねだと思いますよ。

逆学歴詐称？

僕、以前から自分の学歴を「高校中退」というふうに紹介されていたりするんですが、本当は「大学中退」なんですよ。なんか高校中退の方が僕のキャラクターにふさわしいような気がしたんで今まで話していなかったんです。

いろいろ経験した後、「やっぱり高校ぐらい卒業しなくちゃ」と思い、22歳を過ぎてから定時制の高校に通いました。高校2年終了扱いだったので、3年生に編入することができたんです。高校を無事卒業できたのは、当時の担任の先生のおかげですね。熱血漢で僕を更生させようと一生懸命になってくれました。僕は乗せられると勢いがついちゃうタイプなので、せっかく高校を卒業したんだから大学も、というわけで関西のとある大学の通信教育部に入ったんです。

ところが、勢いで大学へ行ってみたものの、当時僕は25歳、卒業したら何歳だ?と思うと疑問もわいてきたりして、結局半年通って、やめて

しまいました。

さらに言えば、高校は昼働いて夜学校だったので遊んでるヒマもなかったし、先生の熱意に引っ張られていたわけですが、大学は昼なので夜はヒマが出来てしまう。それでまた悪い仲間とつるむようになってしまったのです。

なかなか立ち直れない七転びの日々

僕の経験で言えば、いくら決意しても、立ち直ることは難しい、ということです。実際、僕の場合、立ち直ろうとしては挫折、というのを何度も繰り返しました。調理師学校、中華料理店、イタリア料理店、定時制高校と進学、就職をするたびに「これから生まれ変わろう」と決意したにもかかわらず、結局は挫折していたんです。

挫折の理由はいろいろあります。

まず、自分のやっていることがどうしても「格好悪く」思えてしまったことです。

自分が更生にチャレンジしては挫折、という日々を送っている間に、すんなり「その道」に入ってしまった仲間はいい車に乗り、いいスーツを着て、いい女を連れているわけです。一方僕は自転車で通学していたりして、道ですれ違うと恥ずかしかったものです。自分でも「牙を抜かれた感じ」と言えばわかってもらえるでしょうか、プライドを失ったように感じていたんですね。

さらに言えば「世間は冷たい」「仲間は優しい」ということでしょうか。挫折を繰り返すほど人は信用してくれなくなり、立ち直りへの壁は高くなります。その一方で挫折した僕を、かつての仲間は暖かく迎えてくれました。

でもそれは「逃げ」だったのです。結局、壁の高さに尻込みしていた

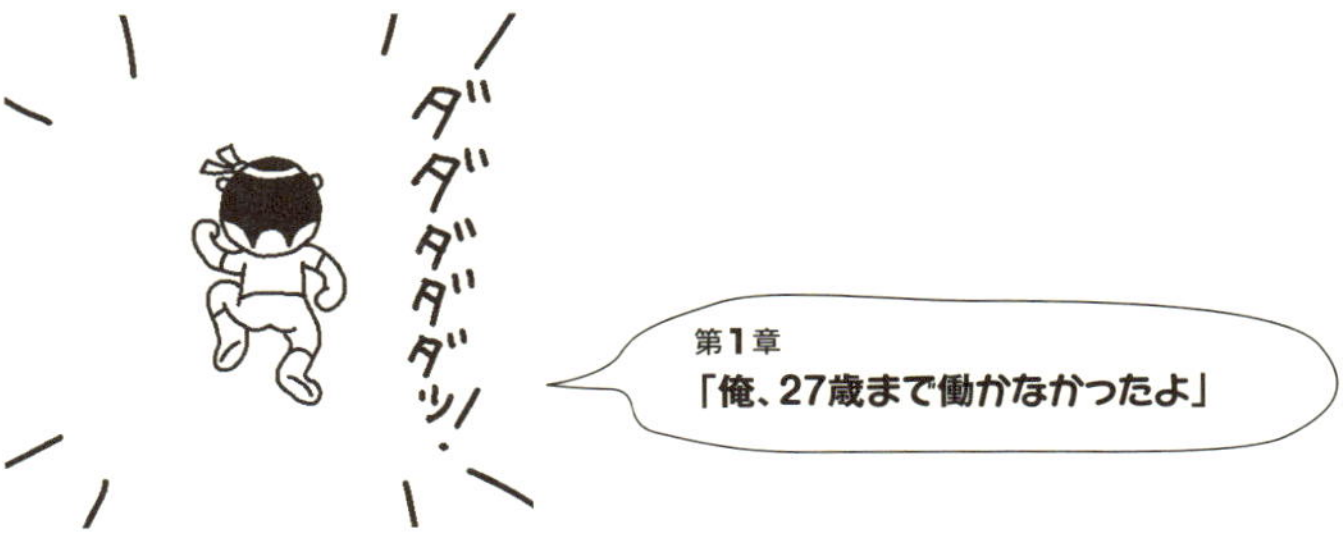
ダダダダダッ!
第1章
「俺、27歳まで働かなかったよ」

んだと思います。

さらに言えば、仲間の優しさも今思えば、優しさではなかったように思います。彼らはお互いに傷をなめあうことで自分を慰めていたんだと思います。もしかしたら、「立ち直る」ことで仲間が減ることが怖かったのかもしれません。

僕は偉そうなことを言う資格なんて全くありません。でも、自分の実体験から

「やんちゃはほどほどに」

と心から言いたいです。おもしろくない環境、反抗心、かっこよさ、いろいろ理由はあるでしょうが、度を超したら痛い目に遭うのは自分で

す。立ち直ろうにも、まともな社会は冷たいし、仲間は更正の足を引っ張ります。立ち直るためには大変なエネルギーが必要になります。逆に立ち直れなければ、暴力団か、その関係者になってしまうだけです。もし身近にそんな少年がいたら、「ラーメン屋のオヤジの忠告」を伝えてください。

それでも堕ちきれなかった

結局、カタギの仕事は身につかず、仲間に引きずられる感じで、借金の取り立て屋の手伝いとか、ややこしい仕事で小遣い稼ぎをするようになりました。

でも、だからといって「もういっか」「この道で行くか」とは思いませんでした。なぜかというとそういう「ややこしい」仕事が苦痛だったからです。

もともと不良に憧れていた僕ですから、任侠とか仁義とか、そういうイメージにかっこよさを感じていたことは否定しません。彼らの羽振りの良さもうらやましい、格好いいと思っていました。

でも実像は違いました。結局は人をだましたり、困っている人をさらに追い詰めたり、そんなことでお金を得ているのです。別に自分が善人だとは思いませんが、そんな「人を泣かせる仕事」に荷担することが辛かった。それを平気でやっている周囲が信じられなかった。

結局、そういう仕事からも距離を置き、かといって定職にも就かず、まあパチプロと言えば聞こえはいいですが、今で言えばプーですね。これが27歳までの僕でした。

第2章

「27歳から働き出したんだけどさぁ」

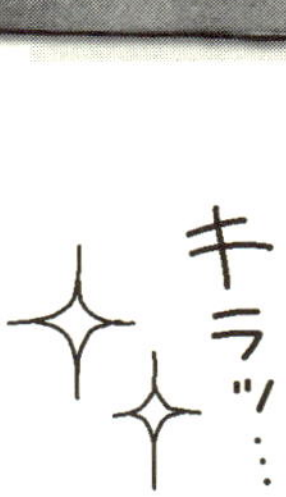

カミさんとの出会い

カミさんと出会ったのはその頃ですね。出会ったのは地元の飲み屋でした。僕は高校中退後、一時期東京にいたりもしたんですが、結局、秦《はだ》野《の》に戻っていたんです。

カミさんは女友達と2人で来ていました。どちらから声をかけたのかは覚えていないんですが、カミさんから「お兄さん見たことあるね」みたいな話題があったと思います。まあ盛り上がって楽しく飲んでました。

ところが、僕がトイレで席を外して帰ってくると、シーンとしてるというか、雰囲気が変わっていたんです。

僕　「なにかあった？」

カミさん「マスターを怒んないでね。」

僕　「？」

カミさん「約束して」

僕　「わかった、約束する」

実は、マスターがカミさんに忠告したんだとか。

「あいつはヤバイからやめたほうがいい」。

まあそんな出会いだったんですが、なぜかつきあうことになりました。カミさんは当時、タップダンサーを目指していて、昼は印刷屋さんで働き、夜はダンスのレッスン、そしてアメリカ留学を目指し貯金をしていました。そこへ僕が転がり込むというか、一緒に暮らすことになったのです。僕の職業はパチプロ？ですから、まあヒモみたいなものですね。申し訳ないことに留学のための貯金も全部飲んじゃいました。でもカミさんは不思議なことに、「あんた、どうせ仕事なんかできないんでしょ」という感じで、（少なくとも僕の前では）平然としていました。今思えば、ありがたいというか、僕の何を評価してくれていたんでしょうねえ？

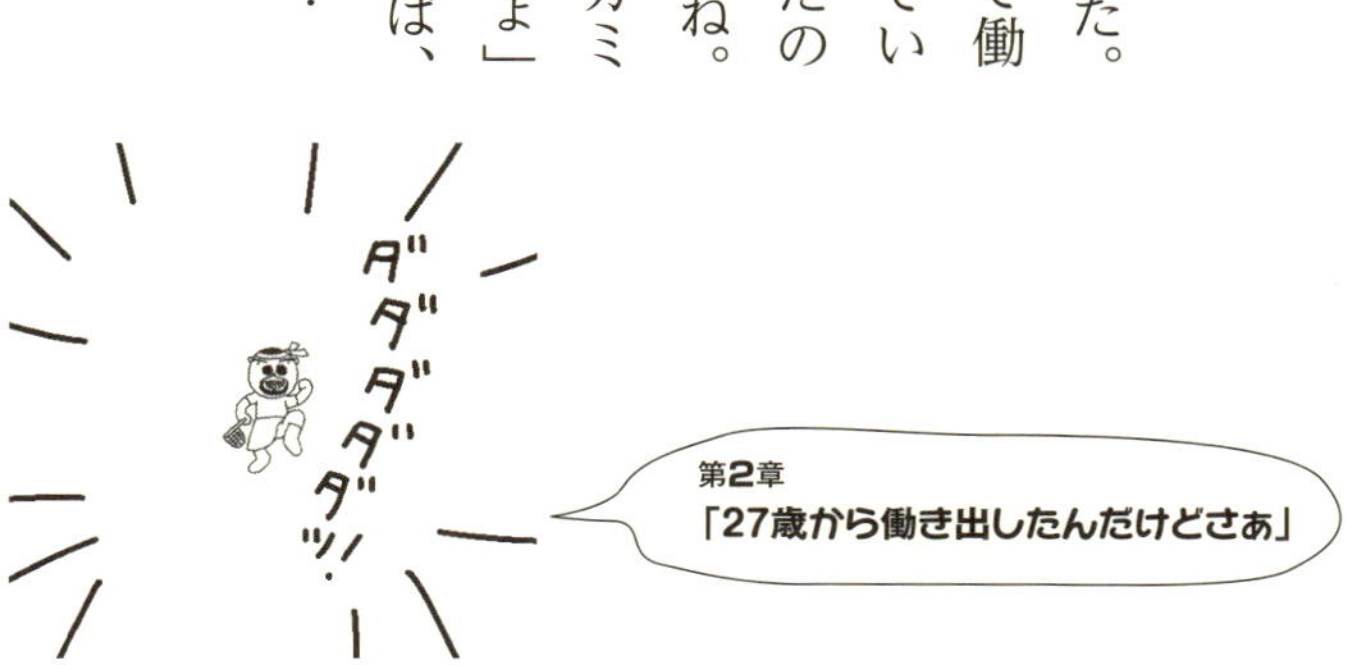
ダダダダダッ！
第2章
「27歳から働き出したんだけどさぁ」

今変わらないとズルズルいっちゃう!

カミさんと暮らし始めたからといって、僕の自堕落な生活が変わったわけではないんですが、「そろそろ限界かな」と思うようになってきたのも本音でした。何が限界かというと、「人生をやり直せる限界」です。

秦野の町には、おじいさんのやくざがいました。といっても親分風の貫禄があるタイプじゃなくて、チンピラがそのままズルズルと老けてしまったような感じの人です。昼間から酒を飲み、くだを巻き、地元でも煙たがられる存在でした。僕はその人を見ると怖くなりました。自分の未来かもしれないと思ったからです。申し訳ないですが「こうはなりたくない」と強く感じました。

俺のハートを鷲づかみにしたお婆さん

またこんな体験がありました。カミさんと伊豆へドライブに行った時、通りすがりにおばあさんを見たのです。そのおばあさんは腰もすっかり曲がり、もうかなりのお年に見えました。海岸で海草でも拾っていたんでしょうか、何か仕事をしていたのです。

僕は車を止め、しばらくおばあさんの姿を見ていたんですが、大げさじゃなく「心臓を鷲づかみにされた」気分でした。

「あんなお年寄りでも働いてる。なんで俺は働いてないんだ?!」

それからはお婆さんの姿が頭から離れませんでした。今動かなければ、もう動けなくなる、そんな思いに追い詰められていったのです。でも行動は起こせませんでした。何をやればいいのか、ちっとも分からなかったからです。

ラーメンって一発逆転のチャンスじゃないの!

そんなある日、僕はカミさんと一緒にテレビを見ていました。そこで

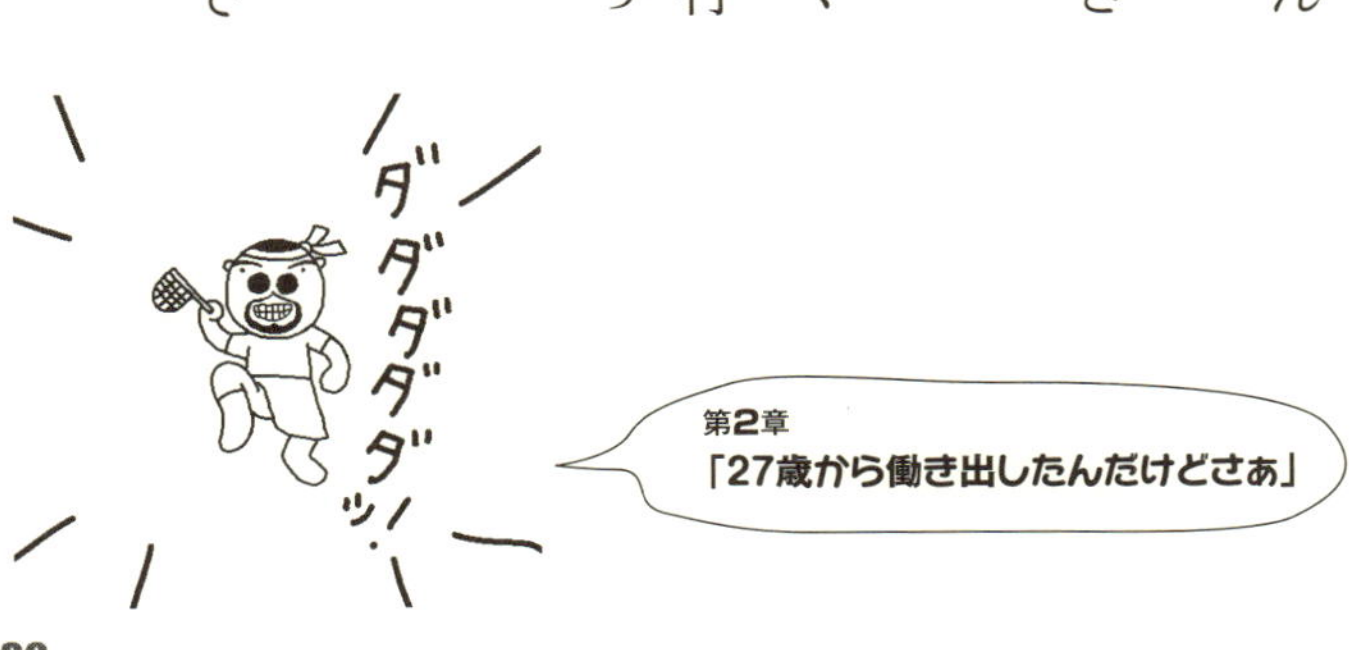
ダダダダダッ!
第2章
「27歳から働き出したんだけどさぁ」

（僕にとって）衝撃的な映像を見たのです。

それは大行列をしているラーメン屋でした。横浜の『吉村家』です。家系ラーメンの元祖としてラーメン好きなら誰でも知ってる、あの有名店です。テレビで見る『吉村家』の繁盛ぶりを見て

「これだ!!」

と思いました。

今思えば、甘甘の考えなのですが、僕としては「これなら自分でもできる」と思い込んだんです。僕は食堂の息子で、子供の頃から調理の経験がありましたし、腕にはそれなりの自信もありました。ラーメンだって作ったことがあり、「おいしい」と好評だった覚えがあるので、「ラーメンがあんなに儲かるなら、もうラーメンしかない！」ともう天命のように思ったんです。

さっそく『吉村家』に行きました。行って改めてその繁盛ぶりに感動しました。さらに「この味なら自分でも出来るかもしれない」「お店は

そんなにお金がかかってるわけじゃなさそう」などと自分なりに皮算用を立て、「これならいける！」という確信を持ったのです。

とはいえ、いきなり素人がラーメン屋を始められるとは思いません。どこかで修業をしなければ。でも、『吉村家』に弟子入りしようとは思いませんでした。最大の理由は「地元に近い」ことです。僕は過去の経験から、生まれ変わるためには、昔の仲間と完全に縁を切る必要があると痛感していました。でも今までうまくいかなかった。それは「いつでも会える距離」にいたからです。

これがラストチャンスと思い詰めていた僕は、「仲間が近づけないような遙か遠くで修業するしかない」と考えたのです。

いきあたりばったりの修業先探し

とにかく遠くで修業しよう。当時の僕はラーメンのことなんか全然知

ダダダダダッ！
第2章
「27歳から働き出したんだけどさぁ」

らなかったんですが、遠くでラーメンの本場と言えば、九州か北海道、というイメージはありました。まあどっちでも良かったんですが、『吉村家』がとんこつベース、とんこつの本場は九州、という単純な連想で九州へ向かうことにしました。付け加えれば「なんとなく北より南がいいな」という意味不明の気分もありましたね。

「九州へ行ってラーメンの修業をしたい」とカミさんに言うと、意外にもあっさり諒解してくれた上、一緒に行くと言い出したんです。「アンタだけじゃ頼りないからね。それにあたしも変わりたいしね。」

早速僕は、唯一の財産だった車をオンボロの軽自動車に買い換えて旅の資金を作りました。後部座席に詰められるだけ生活用品を積み、行き先は九州、手がかりは観光ガイドブックだけ。まったく男らしいと言えばそうだし、無鉄砲と言えばそう、それが旅の始まりでした。

そういえば、出発の時、忘れられない思い出があります。まだ秦野を出る前に、古い知り合いに会ったんです。以前は見下していた相手です。僕の様子はまるで夜逃げですから「まずいヤツに会ったなあ」と思いましたよ。

案の定、「なんだ夜逃げか?」みたいなことを言われてムッとはしたんですが、聞けば自動車販売をしているとか。

「ふーんそんなとこに勤めてんだ。」「ちげーよ、俺が社長だよ。」「えー!」

これもショックでしたね。根拠なくですが、自分より下だと思っていた奴が、小さいながらもいっぱしの経営者になってるなんて。「クッソー!俺も今に!」と屈辱感と闘志がまぜこぜになった気分でした。

でも相手はどう思っていたのか。事情を話すと「じゃあ空気圧とか見てやるよ」と点検までタダでやってくれました。「どーせ戻ってくんだろ。」

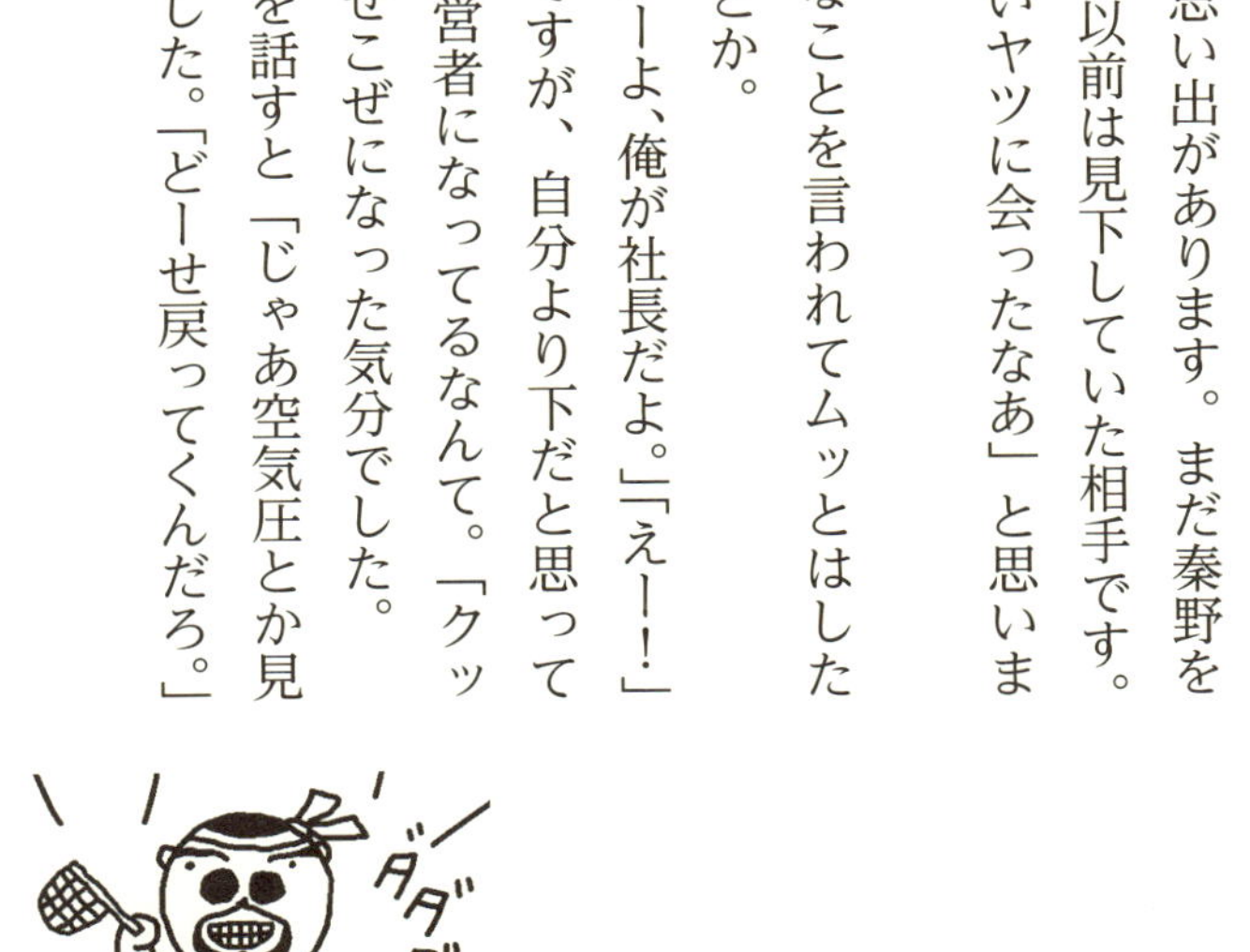

「バーカ、ぜってえ帰ってこねえ。」なんて言い合って別れた思い出があります。今思えば、これはこれで良いさい先だったんだと思いますね。

『好来』との出会い

オンボロ車だったし、急ぐ旅でもなかったので、福岡に到着したのは3日目でした。さっそくガイドブックに載っているラーメン屋を何軒か回ったのですが、感想は「？？？」。行った店が悪かったのか、どれもなんだかインスタントラーメンのような味に感じたのです。

「どうも福岡はピンとこない」と思い、次は久留米に行ってみました。ところが、久留米ラーメンというのは臭いが強烈なんです。初体験だった僕たちは逃げるように久留米をあとにしました。

続いては熊本です。熊本は意外に（失礼）おいしい店があって、「ここで修業するのもいいかなぁ」と初めて思った街です。でも「決めた！」と思えなかったので、さらに南へ向かうことにしました。

熊本から鹿児島へ向かう道で、カミさんに「あら、途中にもガイドブックに載ってる店があるわよ」と言われたのが『好来（はおらい）』でした。『好来』は熊本県人吉市という、山に囲まれた小さな盆地の街で、途中の道が細かったりして「道に迷ってないよね」とドキドキしながら運転したのを覚えています。

『好来』は地元では有名な店なので、人吉に着いたらすぐ教えてもらえました。で、食べてみて、「これはおいしい」と思ったのです。さらに自家製麺だと聞いて（実は自家製麺は旅で初めてだったんです）、「ここで修業すれば、製麺も覚えられるなぁ」というのも魅力でした。

好来に強く惹かれたものの、「せっかくここまできたんだから、鹿児島まで回ってから決めよう。」ということになり、鹿児島へ向かいました。鹿児島にも良い店はあったのですが、「やっぱり好来がいい」というこ

とになり、僕たちは再び人吉へ向かったのです。秦野を出発してちょうど1週間が経っていました。

『好来』入門作戦

さて、『好来』に弟子入りしようと決めたものの、それはこっちの都合であって、先方が承知してくれるかどうかは別問題、というかまったく不明です。『好来』は親父さんと奥さんの2人でやっている店で従業員もいません。そもそも弟子を取るかどうかすら分からないのです。「ことわられたらどうしよう?」それが問題でした。

でも故郷を捨てて決心した道、後には引けません。そこで長期戦で挑もうと考えました。まず、考えたのは「人吉で仕事を見つけて定住しよう。そこから粘り強く交渉していけばなんとかなるかも」という作戦です。定住することでこちらの覚悟を知ってもらおうという期待もありました。

で、さっそく地元の職安に行ったのですが、応募用紙には住所欄が！　まず住処を決めないと仕事も探せない、と気づいたのです。職安をあとにし、今度は不動産屋へ。

　ところが不動産屋でもなんの身元保証もない僕たちの場合、「仕事が決まっていないと部屋は借りられない。」と言われてしまいます。いきなりの大ピンチ！　とはいえもう覚悟を決めていますから後へは引けません。神奈川からわざわざやってきた事情を話し、「そこをなんとか。」と粘っていると、不動産屋さんも「じゃあ大家さんと交渉してあげましょう。」ということになり、「半年分の家賃を前払いしてくれるなら。」という条件で部屋が見つかりました。家賃は3万円、半年分18万円を払うと、もう手元にはほとんどお金がありませんでした。

　今度は職探しです。職安でもくわしい事情を話すと担当者は「好来は募集をしてないよ。それより募集をしているラーメン屋さんがあるよ。」

と田舎の人なので親切な対応です。でも『好来』じゃないと意味がないので丁重にお断りし、改めて探すと、酒屋でアルバイト募集があったのです。時給は600円、面接に行ったら即採用、となりました。これで当面の生活のめどは立ったのですが、この時点で『好来』には接触すらしていませんでした。

何しろはるばる神奈川から、しかも九州を縦断してようやく見つけた修業先。なんとしてでも弟子になりたい、だからこそ慎重?に準備です。まず僕は、毎日お客として『好来』に通いました。顔を覚えてもらおうと思ったからです。一週間ほどすると、「まいど」「どーもどーも」なんて挨拶を交わせるようになりました。

でも親父さんは気難しそうで、なかなか「修業させてください」と切り出せません。どうしようと思い悩んでいるある日、たまたま親父さんが不在で奥さん1人の時があったんです。「チャーンス！」と思いました（笑）。

僕は事情を話し、「何としてでもここで修業をしたい。給料もいらない。」と必死に頼みました。そうすると、奥さんは「今夜9時にもう一回店に来なさい。」と言ってくれたのです。

行ってみると、親父さんは「教え方とかわからんけど、それでもいいなら何でも教えてやるよ。」と言ってくれたのです。これはホントにうれしかった。どうやら奥さんがうまく根回しをしてくれていたらしいのです。僕が『好来』で2人目の弟子でした。

あとで聞いてみると、実は親父さんは自動車の運転免許を取りたかった、でも店があるので教習所へ通えない、とはいえ人を雇う余裕もないし……という事情があったそうです。これがなければ断られていたかもしれません。この時、運も僕に味方をしてくれたのかもしれませんよね。

おだてられると調子に乗るぜ

なんとか念願の修業が始まりました。1週間のウチ6日は酒屋でアルバイト、そして酒屋の定休日は『好来』で働くわけです。

ここで心配だったのが、生活費です。なにしろ収入源は時給600円のアルバイトだけですから、これで2人が生活できるのか、不安でいっぱいでした。ところが、カミさんはちょっと前までちゃんとした職業に就いていたので失業保険が出る。しかも僕は仕事三昧なので遊ぶ時間なんてない。食事は『好来』のまかない、おまけに人吉は物価も安いというわけで、生活の心配は全然ありませんでした。「苦労は覚悟の上」と大決心で来たので、これは拍子抜けでした。

さらにビックリしたのは、僕の評判です。「はるばる東京（方面？）からわざわざ修業に来たらしい。」「給料ももらわずに働いているらしい。」「酒屋とラーメン屋の掛け持ちで休みなしで働いてるらしい。」という話（まあそれは事実なのですが）から、「今時珍しい、真面目で模範的な青年だ。」という評判になったんです。

地元では「札付きのワル」という評判だった僕が、ここでは「模範的な真面目青年」ですよ!!　これは誰でも仰天しますよ。

「○○もおだてりゃ木に登る！」とばかりに、もう僕は完全に調子に乗りましたね（笑）。自分で言うのもなんですが、本当に真面目に働きました。なにしろ1日も休みませんでしたから。

だって今までなら何をやっても「どうせ～」と思われたのが、ここでは「さすが～」になるんですから、やりがいが違います。人に褒められる、人に評価されるという経験は本当に久しぶりだったから、うれしくてしょうがなかったことを覚えています。

修業ってこんなもんか？

人吉での生活は順調だったのですが、肝心の修業はなかなか順調というわけにはいきませんでした。親父さんは決して不親切ではないのですが、何しろ人に教えたことがない。何を伝えるにも「このくらい」とか、勘と目分量の世界なのです。

僕は主に麺作りを習ったのですが、分量とか、配合とか、すべて目分量なので、さっぱり分からないのです。いちおう自分で分量を測定したりしてレシピらしきものは作ったりしたのですが、それを元に僕が作ってみると、必ず「ダメ」という判定。僕にすればなぜダメなのか、どこら辺がダメなのか、ちっとも分からないのです。

僕はそもそも『吉村家』に憧れてラーメンを志したので、厳しい修行にはそれなりの覚悟がありました。でも実際はつらさ、苦しさはないけれど、とにかく戸惑いの日々でした。もう毎日「？？？」ていう感じでしたね。今思えば、教わる僕だけじゃなく、教える側も戸惑っていたのかもしれません。

両親がやってきた

それでもどうにかこうにか修業も形になってきた1年後、両親が人吉にやってきました。八代まで寝台列車で来たのを迎えに行ったんですが、驚いたのは親父のやつれぶりでした。長い不摂生がたたったのか、まだ60代なのに杖にすがってよろよろしているのです。親父が病気がちなのは知っていましたが、これほど弱っているとは思いもしませんでした。

両親は人吉での僕の様子を見て、ボロボロと泣いていました。「ああ、俺って今まで親不孝してきたんだなあ」と改めて思いましたね。

そして親父は言いました。「そろそろ帰ってこないか?」

正直、ここは迷いましたね。僕は『好来』に弟子入りした時、「3年は頑張ります」と宣言していたのです。まだ1年しか修業していません。でも弱った親父の姿を見て、「ここにあんまり長くも居られないかな」と思い始めたのです。

正直言って、修業は途中でした。少なくとも親父さんから合格はもらっていません。でも、少し考えが変わってきました。どちらにせよ自分が店を開く場合、自分の味が必要になる。基礎は学ばせてもらった、あとは経験を積むことだけ。ならば独学でも出来るんじゃあないか。

僕は約束違反を承知でおそるおそる「1年であがらせてもらってもいいですか?」と親父さんに聞いてみました。返事は意外にもあっさり「いいよ。」でした。こちらの事情を察してくれたんだと思います。

かくして僕の修業は終わりました。

第3章

「とにかく開店したんだけど」

親のおかげでなんとか開店

さて地元秦野《はだの》に戻り、29歳でラーメン屋を開業、という段取りになるのですが、僕には何もない（笑）。お金も信用もホント、なんにもない。この時に助けてくれたのが親でしたね。

最初のお店をご記憶の方、いますか？　住宅街の奥で、ラーメン屋がありそうな場所じゃありませんでした。そこはもともと八百屋、クリーニング屋とつぶれて、当時は空きテナントだったんです。お世辞にも好立地じゃありませんが、実のところ場所を選ぶ余裕がなかったんですよね。親父はもちろん、お袋もそんなに体調が良くなかったので、店は家から歩いて行ける距離にしたかったこと、お金をかけたくなかったこと、僕でも借りられること、といった条件に合う物件は、他にありませんでした。

ところが、元々飲食店ではないので、居抜きでは使えず、水回りの工事やなんだで600万ぐらいかかりました。これは親父に助けてもらいました。大家さんはご近所で子供の頃からの顔見知りだったのですが、これも親の口利きでなんとかなりました。食材の仕入れ先も「丹沢食堂の息子」ということで取引してもらえることになりました。思えば何から何まで両親の世話になりっぱなしの開業でしたね。

でも、出来る限りお金は使わない工夫は結構しましたよ。当時たまたま姉夫婦が家を新築していたので、余った壁紙とかもらってきて自分でトイレの壁を貼ったり、看板がわりに窓にカッティッグシートを貼ったのも自分です。椅子も近所からタダでもらってきたものでしたね。

開業した平成9年9月17日は、実は結婚記念日でもあります。実は開業のドタバタに追われている時、ボソッとカミさんに言われたんです。

「あたし、パートのおばさんなの？」

「そうだよね、そりゃまずいよね」と僕も思いました。すでにカミさんのお母さんに挨拶だけはしていたものの、それっきりでラーメンのことばかりに夢中になっていた僕は、うかつにも「けじめ」について抜けていました。「じゃあまかせるから、よろしく。」と僕が言うと、カミさんは100円ショップで「古谷」という判子を買い、1人で婚姻届を出してきてくれました（笑）。

屋号の「なんつッ亭」というのは、見ての通り「なんちゃって」からの連想です。秦野で札付きだった僕がラーメン屋を始めるなんて、「冗談だろ」「すぐやめるさ」と思われるのは覚悟していたので、照れというか自虐の意味で「なんちゃって」であり、「名前はなんちゃってだけど味は本物だぞ」という意味もあり、さらに言えば覚えてもらいやすい印象的な名前だと思ったからです。ちなみに両親には猛反対されました、「ふざけるな！」と（笑）。

オープン初日。開店と同時にやってきた最初のお客様は近所のおばさん2人。子供の頃からの知り合いです。僕は恥ずかしくて「いらっしゃいませ」も満足に言えず、ラーメンを作ると目も合わせずに裏へ逃げてしまいました。お客様の反応を見るのが怖かったからです。

すると店から大きな声が。

「あんた、おいしいんだから堂々としなさい！　こっち出てきなさいよ!!」

あの2人のことは一生忘れません。思えばお袋が事前に「息子が店を始めるから行ってやって。」と頼んでおいてくれたんでしょうね。ホント、両親あってこその開業でした。

根拠のない自信アリ、でも世間は甘くない

店を開いてみると、近所の人やら知り合い、友だちなど、1日50人くらいのお客様が来てくれました。「うんうん、なかなか順調なスタートだぞ」と思ったのも始めの2週間だけ。知り合いが一巡し、花輪が取れた頃には誰も来なくなりました。

これはショックでした。味には自信がありましたから、知り合いが来てくれる→おいしいと喜んでくれる→リピーターになる→口コミで広がるという目論見だったのです。

実際、自分で食べてみて、確かにおいしいと思うんです。「なんでかなー?」とずいぶん悩みました。一番怖かったのは、世間の好みとずれているんじゃないか、ということでした。当時首都圏では魚介とんこつ系とか、『吉村家』の流れをくむ家系とかが流行っていました。僕のラーメンは、スタイルで言えば流行とは無縁、それで売れないとしたらどう

しよう……。

そんなある日、ふと昼過ぎにスープを味見して驚きました。まずぃんです。どうやら炊きっぱなしだったのでスープが酸化したらしいんですが、まったく気づきませんでした。開店前に味見をしてから、一度も味見をしてこなかったからです。「そんなことも知らなかったのか」と同業者に怒られそうですが、加熱を続けることでどんどんスープが変質していくなんて、想像もしていませんでした。

スープの劣化はすぐ修正したのですが、それでもお客様は来ませんでした。なにしろ通りがかりのお客様が来るような場所じゃありませんから、知り合いが来なければホントに誰も来ないわけです。

そこで12月になけなしの４万円を払って、地元のタウン誌に広告を載せました。広告のおかげで、少しずつお客様が来るようになり、特に土・日は結構繁盛するようになってきました。でも平日はガラガラ、トー

タルで言えばやっぱりヒマな店でした。

ヒマから生まれた「うまいぜベイビー」

その頃の僕の夢と言えば「なんとか1日100杯売れないかなあ」という程度でした。土・日が混雑するといってもせいぜい80杯、どんなに頑張ってもそれ以上売る能力がなかったんです。

売上げは伸び悩んでいましたが、不思議とあまり焦りませんでした。幸い家賃は安いので払えないわけじゃない、メシはラーメンを食べればいいや、自分がおいしいものを作ればそのうちなんとかなるさ、と開き直っていたのです。

もちろんこれはきれい事です(笑)。実際はダレていたんだと思います。でも、店にはずっと居ましたね。

店は小学校の通学路だったので、僕がぼんやりしていると窓から小学生が、

「ねえねえ、八百屋もつぶれて、クリーニング屋もつぶれたとこでしょ。ここはいつつぶれるの?」「うるさいよ。」

と憎まれ口をきくものの、やることもないので子供たちを店に招き入れ、おやつ代わりに麺を食べさせたり、壊れた傘を直してあげたりしてました。じきにアイドルタイムは小学生のたまり場になりましたね。

じゃあ、なんか子供がおもしろがることはないかなあ、と思い、模造紙に落書きを始めたんです。最初はホントに落書きだったのですが、「きっとあなたはくせになる」とか宣伝文句みたいなものを書き始め、その中から「うまいぜベイビー」が誕生したんです。

今では他のお店も真似をするようになった壁のキャッチコピーは、いってみれば「ヒマ」と「小学生」と僕の共作なんだと思います。

食べ方マンガには意味がある

「大将」という僕をイメージしたキャラクターはカミさんが描きました。初めて見た時は「俺ってこんなに鼻の穴大きいかよ」と不満だったのですが、だんだん愛着がわいてきて、今では僕の分身です。

来ていただいたお客様ならご存じだと思いますが、僕の店には「おいしいラーメンの食べ方マンガ」というのが置いてあります（下の図）。「なんでこんなものがあるの？」「ラーメンの食べ方なんか人の自由じゃないか」と思われる方もいらっしゃるでしょう。でもこれ、深い意味

最初の「食べ方講座」

があるんです。

僕のラーメンの特徴と言えば黒マー油。焦がしニンニクの香味油で、見た目は真っ黒な油です。僕が店を始めた当時、黒マー油は関東では珍しいもので、知らない人がほとんどでした。この黒マー油なんですが、濃厚なとんこつスープととても相性がいいのですが、そのままなめるととても「苦い」のです。

でも、お客様の立場からすると、ラーメンに黒い油みたいなものが浮かんでいる。「これなんだろう?」と思ってマー油だけを味見する人が多かったのです。当然「にがっ!」ていう反応になります。

「これは困ったなあ」と思ったものの、いちいちお客様に食べ方を説明するのもなんだか押しつけがましいし、文字で説明しても読んでもらえないだろうし、と悩んだ末に思いついたのがマンガ風の食べ方説明だったのです。

最近は食べ方マンガを他の店でもやってるみたいですが、僕の場合は、必要に迫られて作ったものだったんですよ。

「うまいぜベイビー」などの書き文字、「大将」のキャラクター、「食べ方マンガ」は、どれも店がヒマな時に思いついたりやり始めたことです。こういった工夫は店の個性になり、今でもお客様におもしろがってもらっています。

現在の「食べ方講座ラーメン編」
（小学生ヴァージョン）

そう考えてみると、ヒマもそんなに悪くなかったのかなあ、なんて思いますね。最初から繁盛店だったらやっていなかった、というか出来なかったと思いますよ。

つけ麺食法講座
一
つけダレは、濃い目に仕上げてあるので箸でつかんだ麺の下半分にタレをつけて一気に吸い上げるのがポイント。
ひゅばっ
二
好みにより、卓上の「一味唐辛子」や「酢」を2・3滴タレに加えて自分好みの味に調節するのもまたgood。
一味
酢
三
麺が食べ終わったら、気軽に店員に「スープ割り！」と頼もう。タレをスープで割って飲めば、ラーメンスープとの違いが楽しめるし満腹になるしでチョーgood。

現在の「食べ方講座つけ麺編」
（小学生ヴァージョン）

プハ〜ッ!
第3章
「とにかく開店したんだけど」

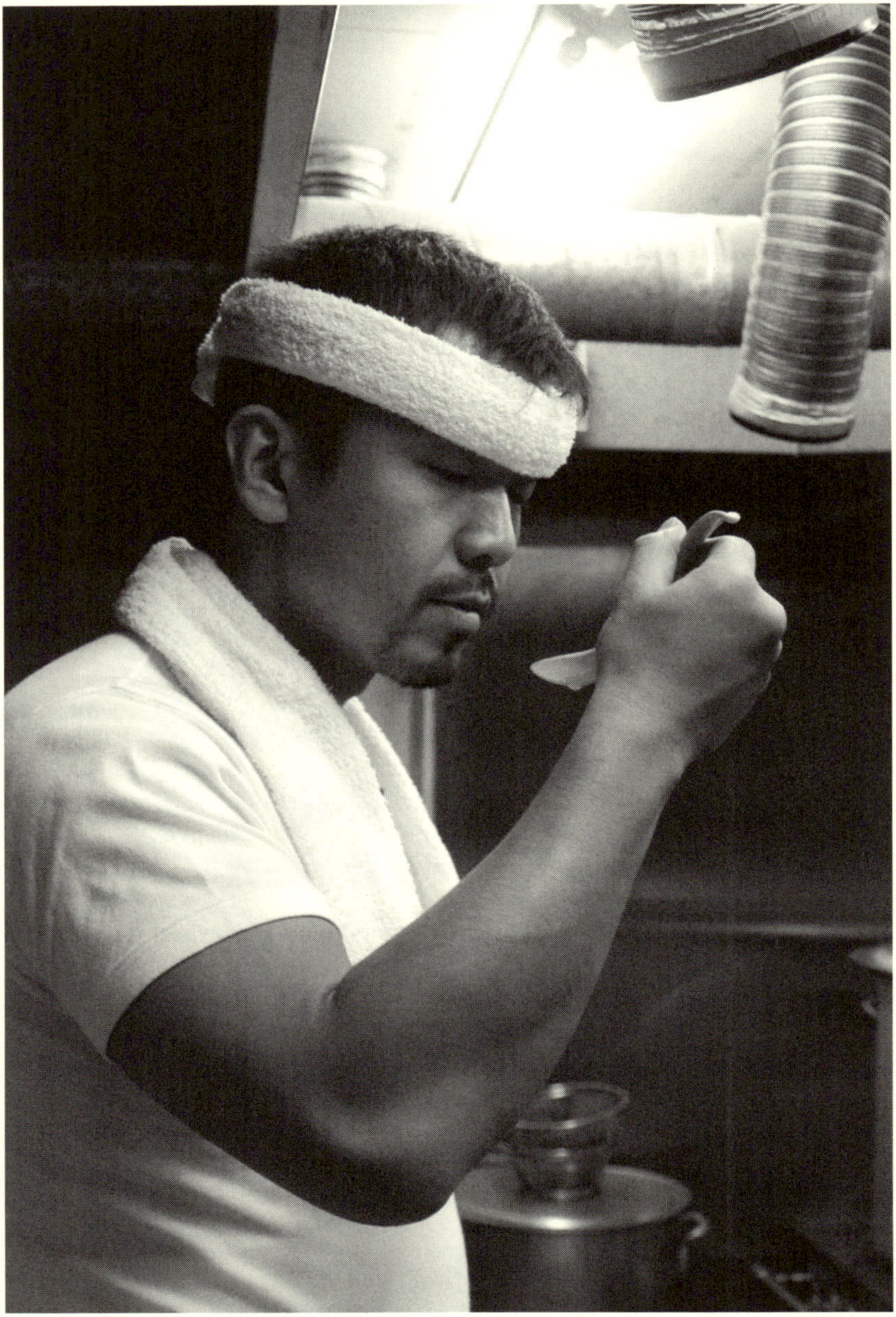

第4章

「マジで頑張ろうって思った」

マスコミの力はスゴイ! でも100杯は無理

そんな平和でヒマな日々は、まもなく終わりました。最初のきっかけは、いわゆるラーメンフリークの皆さんが店に来てくれるようになったことです。

ラーメンフリークの皆さんには、ホントにお世話になりました。ここで具体的な名前を挙げてお礼を言いたいところなんですが、もし言い忘れがあったら申し訳ないので、「ラーメンフリークの皆さん」で許してください。ホントにホントに感謝です。

ラーメンフリークの皆さんが雑誌に紹介してくれたことで、店は急に忙しくなりました。行列も出来、お客様に追われるようになったのです。ところがいくら頑張っても1日100杯に達しないのです。「なんでかなー?」、世の中には1日300杯とか500杯とか売ってる店があるのが不思議でしょうがなかったですね。

過去との対決、なんちゃって

忙しくなってくると、別の悩みが始まりました。店へのいやがらせです。僕は秦野へ戻ってから昔の仲間と全然遊ばなくなりました。そうなるとおもしろくないんでしょうねえ、ヒマな時でも、突然やってきて店のコップを5個ほど割って帰った奴もいました。

忙しくなってくると、嫌がらせもエスカレートしていきました。朝来たら、店の前に廃油をまかれたり、汚い話で恐縮ですがウ○コをばらまかれた日もありました。（どうやって持ってきたのか今でも不思議ですが）「ダンプで突っ込んでやるから覚悟しろ。」なんて電話もかかってきたことがあります。

嫌がらせをしていたのが誰か、はっきりとは言い切れませんが、たぶ

ん昔の仲間で、更生しなかった（できなかった）連中です。彼らに言わせれば「一方的に縁を切りやがって」という思いがあったんでしょうが。

僕は嫌がらせには閉口しましたが、逆に縁を切ることで腹をくくりましたね。前にも書きましたが、結局彼らはまともになろうとする奴の足を引っ張るんだ、と実感することで目が覚めた思いがしました。

長男誕生で変わろうと思った

自分にとって大きな転機になったのは長男の誕生でした。実を言うとカミさんは出産予定日当日まで働いていたんですよ。なにしろ忙しさに追われていて、ズルズルと働かせちゃったんですが、常連のおばちゃんが、

おばちゃん「ずいぶんお腹太きいわねえ、予定日いつなの？」

僕　「今日なんです」

おばちゃん「あんた！いいかげんにしなさい！

いつまで働かせんの！！」
と怒られちゃいました。

翌日の早朝、カミさんが「お腹が痛い。」と言い出したので慌てて病院へ連れて行きましたが、気恥ずかしいのもあって立ち会いはせず、そのまま店へ行きました。

昼が過ぎて2時ぐらいに親父から電話が。「生まれたらしいぞ！　男の子だってよ！」。僕は思わず「オー！」と雄叫びを上げました（笑）。でもやっぱり病院へは行かず、そのまま仕事を続けました。その頃にはアルバイトもいて、「大将、見に行かなくていいんですか？　店は大丈夫ですよ。」とか言ってくれたんですが、「でも行けないだろ。」

そのまま営業終了まで働いたんですが、またアルバイトが「あとはやっときますから行ってくださいよ。」と言ってくれたので、病院に向かいました。

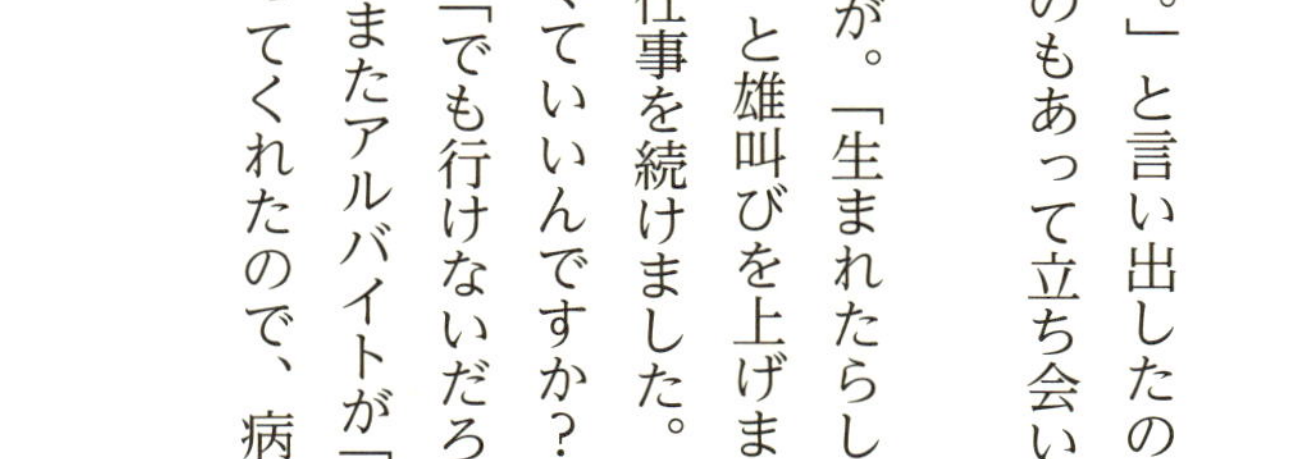

で、初めて息子と対面したんですが、なんかこう病院の中でそこだけ光ってる感じなんですよ、それで息子が僕の顔を見てにこっと笑ったような気がしたんですね、後で聞いたら、まだ目が開いていなかったそうで、僕の思い込みだったんですが、これは感動しました。

それでカミさんの様子を見ると、顔が真っ赤なんです。なんでもいきみすぎて顔中が内出血していたらしいんですが、出産ってホントに大変なんだと思い、普段カミさんにあんまりお礼とか言わないんですが、「お疲れ！」って声をかけました。

子供が生まれたことは、僕にとって転機になったと思います。考えてみれば、僕は親に迷惑のかけ通しだったんですが、「悪いなあ」とは思いながら、ズルズル甘えていたような気がします。ところが、店を始めて、親の大変さを改めて実感しました。例えば、真冬の朝、米をとぐのは辛いですよ。水が冷たくて冷たくて。そんな時、「親父やお袋もこんな仕事してたんだ」なんて思うと、親というモノの重みをずっしり感じたんです。

それが今度は自分が父親になった。僕は息子の顔を肴に酒を飲みながら「ようし、俺も仕事の鬼になってやろう」と決心したことを覚えています。もっともっと稼ごう、そして家族を養い、従業員の給料を上げ、ついでにガンガン遊ぶぞ？と決意したのです。

そのためには１００杯の壁を越えなければなりません。そこで、営業時間を延ばすことにしました。９時閉店を11時閉店に変更したのです。従業員にも「売上げが伸びたら給料も上げるから。」と約束して協力してもらいました。

商売にはいくつもの段階があると思います。まず最初はうまくいかな

い場合が多く辛抱の時代です。

その次に成功が始まると今度は仕事に追われるようになるのです。これって実はあんまりいい状態じゃあありません。繁盛はしているのに、思うほど儲からない。日々の仕事が忙しすぎて先のことが考えられない。これも停滞期なんですね。

僕の場合、息子の誕生が転機になり、仕事に対して「攻め」の姿勢で臨めるようになりました。売上げを伸ばすためには、人も雇わなければならない。店も増やさなくてはならない。そのためには組織とか、教育とか管理とかも勉強しなければならない。これ全部「攻め」から生まれてくると思うんですよ。もちろん一気にレベルアップできるはずがありませんから、少しずつ。その最初の一歩が僕の場合、営業時間の延長でした。

第5章

「従業員との奮闘記」

最初の従業員たち

店を始めてからまもなく、ネギを切るおじさんとか近所の高校生とかおばちゃんとか、アルバイト、パートという形で人を雇ったりしていたんですが、基本的には僕とカミさんで店は切り盛りしていました。まあ、オヤジがそうでしたから、それが普通だと思っていたんです。

そんな僕のところに最初に弟子として入ったのが、石井君です。彼は当時21歳ぐらいだったと思うんですが、ホテルで働いていたんだそうです。ラーメンブームを見て、自分もラーメン屋になりたいと思い、地元の人気店と言うことでウチに来たそうです。

初めて店に来た時の彼は印象的でしたね。普通にお客さんとしてラーメンを食べに来たんですが、食べ終わった後、立ち上がってカウンター越しに、じーっと僕の仕事を観察しているんです。「なんだこいつ？」

と思いましたね。
その後、彼から電話がかかってきて「弟子になりたい。」と。僕は断りました。「正直言って君を雇う甲斐性がない。アルバイトとして働いたらいいじゃないか。」ところが彼は仕事をちゃんと学びたいから仕込みの段階から働かせて欲しいと、熱心に頼むわけです。まあ僕も『好来』のオヤジさんから学んだわけですから、「ちゃんとした給料は払えないよ。」という条件で、彼に来てもらうことにしました。

次にやってきたのが松橋君。彼もやはりラーメンブームをきっかけにラーメン屋を志し、有名店のM、そしてNと食べ歩いた後、ウチにやってきてラーメンを食べて、その場で弟子入りを志願してきました。

その次に来たのが高橋君です。彼はもともと家系ラーメン店で働い

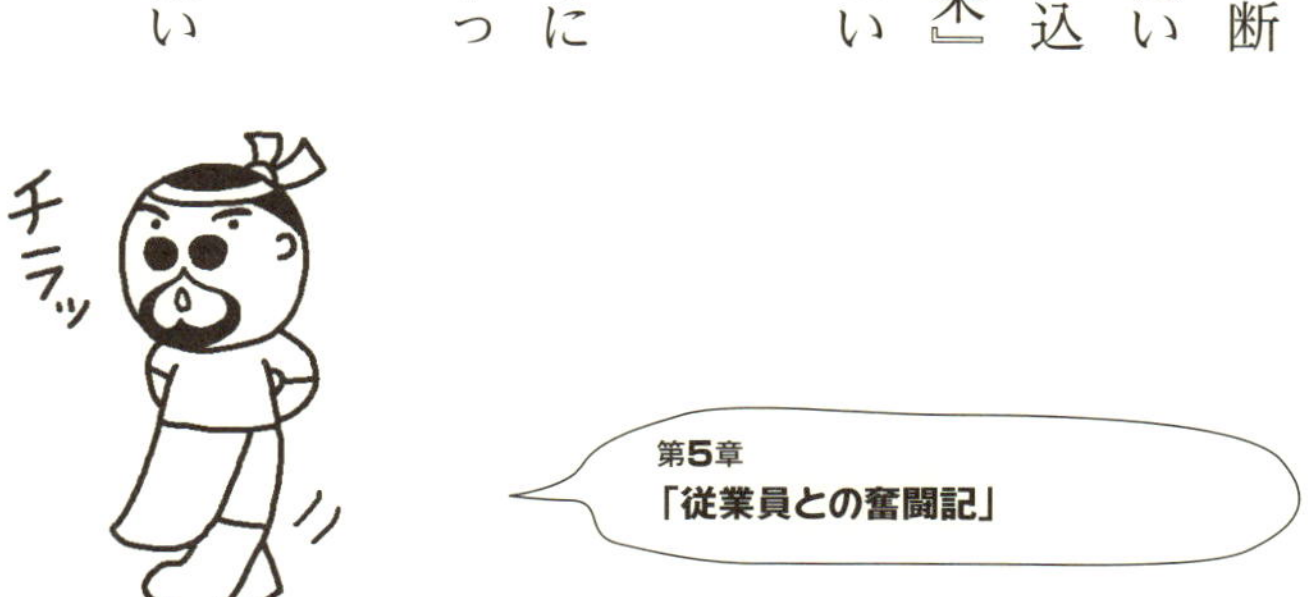

ていたらしいのですが、週に3回ぐらいウチにやってきて、毎回「ネギチャーシュー麺大盛りマー油多め、麺硬め」って注文するんです。当然顔とか覚えるじゃあないですか。「また来たな」みたいな感じで。

それで年末になってアルバイトが1人やめることになって、それで募集の張り紙をしたら、彼が現れたんですが、密かに「やっぱり来たな」と思いましたね（笑）。

石井、松橋、高橋の3人は、この本が出る2011年5月現在で、今も僕と一緒に働いてくれています。それぞれ個性の違いはありますが、みんな僕にとって大事なスタッフです。最初の従業員が彼らだったことは、僕にとってすごく幸運だったと思いますね。

みんなが大将？

今は違うんですが、以前のウチの店というのは、ちょっと不思議な雰囲気がありました。全員そろいの白いタオル鉢巻き、Tシャツ、ズボン、前掛け、とそこまで一緒なのは当たり前なんですが、それだけじゃなく、全員が坊主頭に口ひげ、というまるで店中「黒ひげ危機一髪」状態だったんです（笑）。集合写真なんか撮ったらもう、異様な光景ですね。

　なんでこんなことになったのか、正直言って僕にも分からないんですが、元をただせば最初の石井君ですね。彼は元々長髪だったんですが、面接を受けに来た時、坊主頭にしてきたんです。それから働いているうちに口ひげを生やすようになりました。僕は、「そのひげ剃ってこいよ」と言いはしたものの、自分が口ひげを生やしているわけですから強くも言えず、そのまま放置していたら、どんどん増殖していったのです（笑）。僕は自分から従業員に「坊主にしてこい」と言ったことはないのに、みんな自主的に坊主になり、ましてやひげなんか生やして欲しくないのにみんな、従業員はもちろん、アルバイトの高校生まで、坊主頭に口ひげ

第5章
「従業員との奮闘記」

なのです。挙げ句の果てには女性の従業員まで坊主同然の短髪になり、「大将、あたしにもひげが生えてきました！」とうれしそうにうぶ毛を見せる始末。僕まで「一緒に働いてると似ちゃうのかな」と変に感心するような事態にまでなってしまいました。

そんなある日、お客様が帰り際に「大将、ごちそうさま！」と声をかけてくれたんです。それで僕も「ありがとうございます」と返事をしようとしたら、なんと！お客様は会計をした従業員を僕だと勘違いしていたんです！

それで「おいおい！」と思った僕は、従業員と差別化を図るために？髪を伸ばし始めたりしましたね。

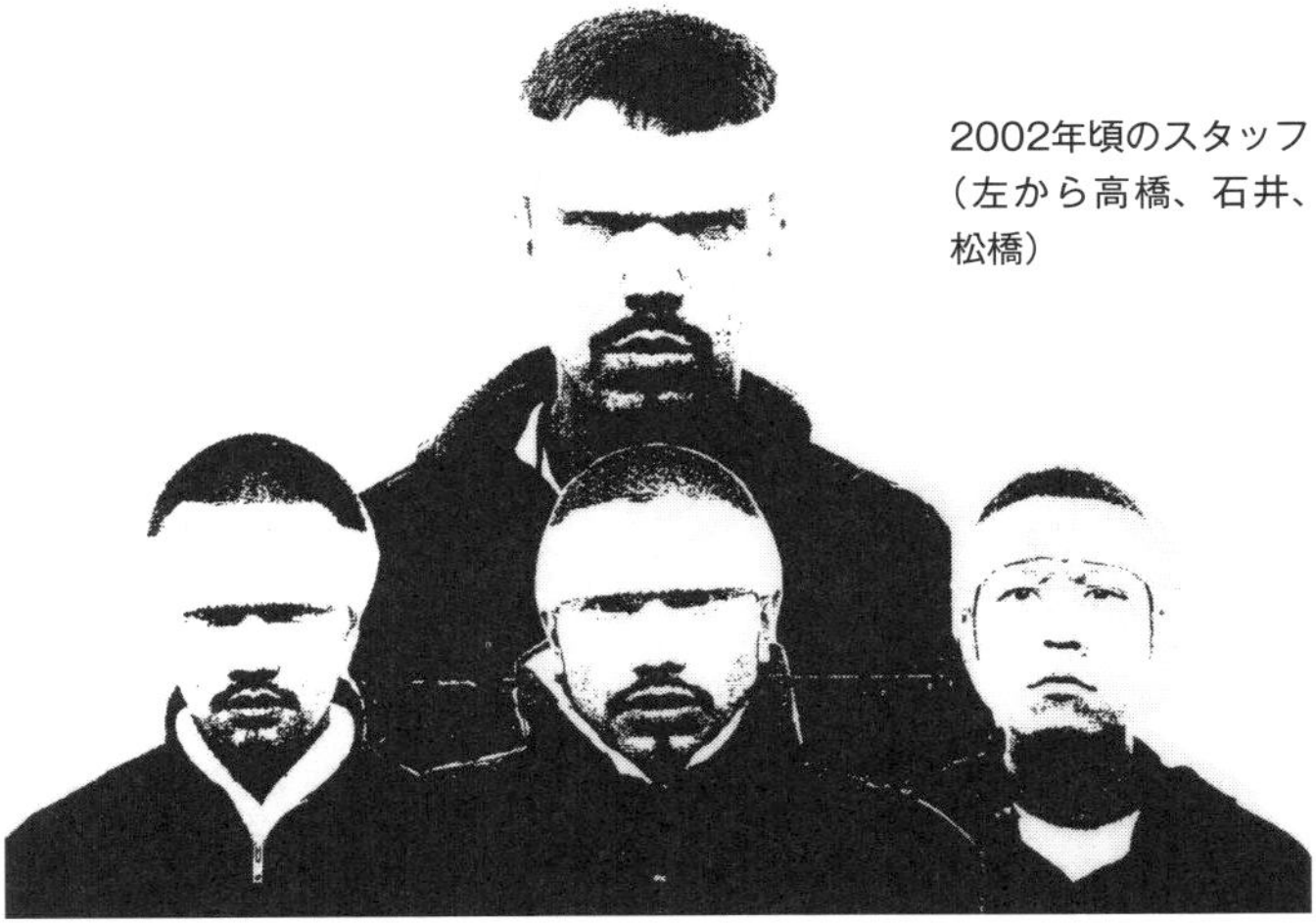

2002年頃のスタッフ
（左から高橋、石井、松橋）

坊主頭はいいとしても、口ひげというのは、飲食店として褒められた身だしなみだとは思いません。清潔そうに見えないし、だいいちガラが悪そうですよ（笑）。

僕も最初は「おめえたち、俺と一緒なんて10年早いよ！」とか思っていたんですが、そのうち「まあいっか」と思うようになりました。いかつい格好の野郎が集まってラーメン作ってるっていう風景もおもしろいかな、と。ただいかつい格好だけならただのバカですが、いかついけどちゃんと仕事してるよ、というギャップが僕の店らしいように思えたからです。

店が増えたり働く人数が増えたりしたことで、「みんな同じ」という状態は解消されましたが、考えてみればあの頃が一番一体感があったよ

うに思いますね。見た目だけじゃなくて中身も僕と同化していたみたいで、みんなでいい店にしよう、お客様に喜んでもらおうと盛り上がっていました。

困った従業員

もちろん、良い従業員ばかりじゃあ、ありません。困った従業員にもたくさん遭遇しました。中にはレジごと売上げを持ち去った奴もいましたね。

僕の人を見る目が足りないのかもしれませんが、従業員の善し悪しというのは、面接ではわかんないですね。ただ、感じたのは「一生ついて行きます。」とか気合いの入った奴が2週間続かないのに、「続くかどうか自信ないです。」という感じの人の方が長続きしたりしたことです。同業の仲間に聞いても「給料はいりません。」と言い出す人ほどすぐやめる、なんて話は多いみたいです。

ウチに限って言えば、やんちゃな人よりも、真面目な人間がウチのノリに感染するケースが一番はまるみたいです。

やんちゃと言えば、以前は「元不良」という応募者が多かったですね。

(もちろんそうでない人も多かったんですが)

僕が「札付きのワル」から更生したことは、地元ではよく知られていましたから「古谷のところに預ければ変わるんじゃないか」と期待した親が息子を連れてきたり、自分から「自分を変えたい。」と門をたたいた人は多かったと思います。

結論から言えば、ほとんどの人は続きませんでした。僕がこんなことを言うのはおかしいと思う方もいらっしゃると思いますが、敢えて僕だから言えると思うので言います。**「ワルだった奴が生まれ変わるのは、**

とても難しい」

例外もあるでしょうが、不良というのは「心が弱い」ものだと思います。仲間とつるむのも、悪事に手を染めるのも、心が弱いからです。少なくとも僕の場合はそうでした。

もう一つ共通するのは「格好つけ」が多いことです。自分の中身に自信がないから格好にこだわるのです。

元不良だった奴の大半は、サボって逃げ出すか、ケンカして飛び出すかのどちらかでした。

そういう意味で言えば、僕は運が良かったんだと思います。確かにワルになりきれなかった、という部分はありましたが、『好来』のオヤジさんと奥さん、人吉の人たち、そして何より両親という僕を支えてくれた人たちのおかげがあってこそ、生まれ変わることが出来たんです。

しつこいようでスンマセン。でも、もう1回言います。

「道を踏み外すようなことはするな。もし踏み外したら、まともに戻るのは本当に大変だぞ。」

良い従業員って何だろう

もちろん不良じゃないから良い従業員、というわけじゃありませんよ。本人の名誉の問題もあるので書けないですが、「なんじゃこりゃ！」というスタッフにもそれなりに出会ったと思います。まあ僕の不徳のいたすところ、と言われちゃうとグウの音も出ないんですが。

スタッフの採用について、僕は今でも「来る者は拒まず」精神で、できるだけ入ってもらって、それから様子を見ようという考えです。ただ、最近寂しいなあ、と思うのは、採用してから「なんつッ亭のラーメンって何ラーメンなんですか。」なんて聞かれたり、「実はラーメン好きじゃ

第5章
「従業員との奮闘記」

ないんですよ。」とか言われることですね。

「じゃあなんでウチに来たんだよ!」ってつっこみたくなりますが、それはそれで受け入れるべきじゃないのかなあ、とも思っています。要は、そこから「目覚めて」もらえばいいわけですから。

人が増えてくれば、一枚岩、というわけにはいきません。自分たちに相応しいチーム作りは、今真っ最中の課題でもあります。

ラーメン屋は職業じゃない!生き様だ!

ただ、愚痴を言わせてもらうと、最近の新しいスタッフを見ていると「?・?・?・」と思うことが多いのです。

例えば、ウチの場合、中休みのない通し営業なので、スタッフはお客さんの少ない時間に交代で休憩を取っています。ところが「さあ、休憩に入ろう」という時、お客様がたくさん入ってきたらどうなるか。当然手が足りないので休憩はおあずけになります。そのまま客足が途絶えなければ、休憩が取れずじまい、なんてことも起きるわけです。口はばったいですが、これは僕らにとって「よくあること」だと思っています。ラーメン屋だけじゃなく、飲食業だけでもなく、ほとんどの「商売」で、当たり前に起こること、ですよね？

ところが、最近のスタッフの中には「毎日きちんと休憩できないのはおかしい。」と不満を言い出す人が結構多いのです。「つらい」「しんどい」は理解できます。僕だってそんな時はありますから。でも「おかしい」という考え方は、正直理解できません。

これに限らず、「仕事は楽な方がいい。」「休みは多い方がいい。」「でも、給料は多い方がいい。」という声をスタッフの中から聞くことが増えています。こんな欲求は誰でもあることだし、まあそれはわかるんだけど、「じゃあウチで働くこと自体が間違っているんじゃないの？」と言いたくなってしまいます。

おかげさまで、ウチはそこその繁盛店です。だからそんなにヒマではありません。はっきり言って仕事は大変だし、忙しいと思います。「自分の時間が欲しい」「仕事にゆとりが欲しい」というのが職業選択の基準ならば、ウチは最初から圏外なのです。

実は、「頑張ります!」「覚悟はできています!」と最初に威勢のいいことを語る人が、しばらくすると、そういうことを言い出す場合が多いのです。「こんなにきついとは思わなかった。」「自分には合っていないと思った。」、そんな捨て台詞?を残して去っていったスタッフもたくさんいます。

僕は原則的に「去る者は追わず」という考えなのですが、この「自分には合っていない。」という言いぐさは、ちょっとカチン!とくるんですよ。いつもそんな時「この仕事とか、俺の店とか関係なく、世の中にオマエに合ってる仕事なんか存在しないことに早く気づけよ! 仕事に対してオマエが合わせていくもんなんだ。合ってるとか合ってないとかいうのは人の何倍も努力をした人間だけ言う資格があるんだよ。」と僕は言ってしまうのです。

他の仕事のことは知りませんが、僕の知っている範囲、例えばラーメン屋で言えば、「楽しながら成功した」という話を知りません。僕らは「職人」の一種だと思っています。職人は自分の「腕一本」で稼ぐものだし、たくさん稼ぐためには「腕を磨く」必要があります。当たり前ですが楽していては腕は磨けませんし、そもそも努力なしでご飯が食べられるほど世の中は甘くないんだ、そういうことを理解してもらいたいですね。

もうひとつ思うことなんですが、仕事というのは「がまん」だけでは続きません。「やる気」が必要です。じゃあ「やる気」の源は何か。「独

パァァ
アアァッ!
第4章
「マジで頑張ろうって思った」

立して成功したい」、これはよく聞きます。でも、かなり先の話なので、息切れしてしまう場合が多いようです。

じゃあ、もっと日常的な「やる気の源」ってなんでしょう？　僕は、「お客様に喜んでもらえること」「自分の腕が上がること」だと思っています。

何度も話したように、僕は定食屋の息子でした。そして最初は売れないラーメン屋でした。そんな経験から「お客様が来てくれるありがたさ」「お客様に喜んでもらった時のうれしさ」は身に染みこんでいるつもりです。だからラーメン屋を続けてこれたんだと思います。

「儲かりそうだから」という理由だけでラーメン屋を選んでいたなら、きっと成功する前に挫折していたと思います。僕にとってラーメン屋は職業ではなく、生き様なのです。

これからラーメン屋になろう、と思っている方がいるならば、これは忠告です。

「職業と割り切ったら、ラーメン屋なんか出来ない、出来っこない。お客様に喜んでもらうことが自分の喜びだと本気で思えるようになってみろ！　なれるのか？ていうか、ラーメンを己の生き様だと言い切れるようになってみろ！」ってね。

第4章
「マジで頑張ろうって思った」

住宅情報

第6章
「いろいろあったぜベイビー!」

もうダメだと思った

なんだか淡々と経過を報告しているみたいなので、ここでちょっと寄り道して（当時は笑えなかった）笑い話とか、いくつか話したいと思います。

まず、死にかけた（と思った）話から。

ちょうど1日100杯の壁と戦っていた頃の話です。当時、麺あげは僕が1人でやっていました。それでひどい腱鞘炎になったのです。毎日のように整骨院に通っていたのですが、全然治らない。それで手首を固定すると、今度は肘が痛くなる、肘まで固定すると首が痛くなってくる、という調子でどんどん悪化していて、「これホントに腱鞘炎なのかなあ」と不安に思っていた頃でした。

ある日、チャーシューを切っているとめまいをおこし、立っていられなくなったんです！　休んでもめまいが治らなくて、そのまま救急車で病院に担ぎ込まれました。

救急車の中でなんか「走馬燈のように」じゃないけど「俺の人生ここまでか」と本気で思いましたよ。ちょうど最初のベンツ（そんな高いヤツじゃないですよ）を買ったばかりだったので、「俺の人生ベンツ1台で終わりか」とか思ってました。

で、病院でMRIとかいろいろ検査を受けたけれど、どこにも異常が見つからない。でも、めまいも止まらない。医者が「おかしいですねえ。」と何の気なしに僕の首に触ると「むちゃくちゃ固いですよ！」

原因は「超ひどい肩こり」（笑）だったのです。

筋弛緩剤みたいなものを注射してもらうと、ウソのように良くなりました。そこから鍼とかマッサージできちんと身体をケアするようになりましたね。

あ、これは教訓ですよ、マジで。肩こりをバカにしてはいかんという

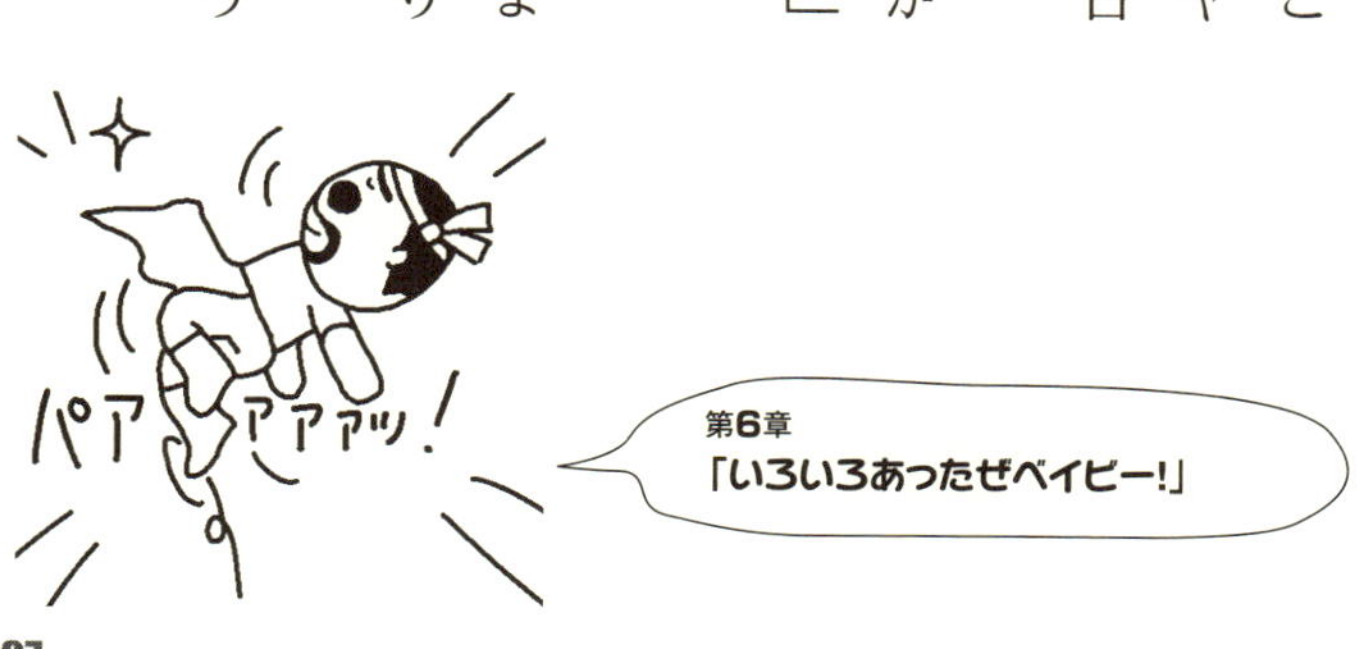
パアアアアッ！
第6章
「いろいろあったぜベイビー！」

立派な教訓です。

うっかり徹夜？

これも同じ頃の話ですが、当時なぜかアルバイトが全員女子高生だったんです（もちろん意図してやったわけじゃないですよ）。バイト帰りの夜道で何かあったら困るので、仕事が終わると全員を車に乗せ、順に家まで送っていました。それが終わると店に戻り、残りの片付けとか、明日の仕込みをしていたのです。とんこつラーメンはスープを炊き込むのに時間がかかりますから、送っている間（といっても1時間くらい）もスープの寸胴鍋は弱火のままです。

そんなある日、アルバイトたちを家に送り届け、さあ店に戻ろうとすると、路上でケンカをやっているじゃありませんか。見れば殴り合っているのはどっちも僕の友だちです。「なにやってんだよ。」と慌てて止めに入り、半分巻き込まれながらもなんとか仲裁できました。「一件落着」

とホッとした僕は、安心のあまり、そのまま家に帰って寝てしまったのです。

真夜中にベルで起こされました。「お店から黒い煙が出てるわよ！」

予想がつくと思います。慌てて店へ走ると、寸胴のスープが干上がって真っ黒焦げでした。これも冷や汗をかいた事件でしたね。

結局、その夜は焦げの後始末とスープの作り直しで朝までかかりました。こんなこと自慢にならないですけど、翌日も普通に営業はしましたよ。この話の教訓は「火の用心」は何より重要だ、ということです。（ゴメンナサイ）

オレの店からオレたちの店へ

もちろん失敗話ばかりじゃありません。イイ話もあります。

前に石井、松橋、高橋という3人のスタッフの話をしましたが、石井君、

松橋君という2人と、高橋君はちょっと違いました。

僕は、最初に石井君、それから松橋君というスタッフというか当時は弟子ですね、それまでアルバイトとかパートしか雇っていなかったのに対し、「ラーメンを教えてくれ。」という人を受け入れたわけです。でも、弟子というものが正直わからなかったですよ。何をさせたらいいのか、どうやって教えたらいいのか、見当がつかなかった。

当時はまだ駆け出しというか、自分でも余裕がなかった時期ですし、なんでも自分でやってました。麺作り、スープ作りはもちろん、麺あげから盛りつけまで、一切人に手出しをさせませんでしたね。今思えばおかしいんですが、モヤシをのせることすら人にやらせると味が変わってしまうような恐怖心があったんです。だから当時は1日中店にいました。その代わり、といったら変ですが、手伝い仕事がなくなると、石井君、松橋君には「後はオレがやっとくから帰っていいよ。」と早めに帰して、僕1人が店に残ることが当たり前だったのです。

ところが、高橋君は違いました。

僕　「もういいから帰っていいよ」

高橋　「大将は何時くらいまでいるんですか？」

僕　「だいたい2時くらいかなあ」

高橋　「じゃあ僕もいますよ」

僕　「いいよいいよ。どうせぼんやりスープの火の番してるだけだから。仕事ないよ」

高橋　「それでもいいから一緒にいます」

と言う感じで、残るようになったんです。でも特に仕事があるわけじゃない。何をしているかというと黙々と麺上げの練習とかしているんです。

それで僕も感じるものがありました。思えばそれまで僕は3人のスタッフを叱ったことは一度もありませんでした。正直「なんだかなあ」

第6章
「いろいろあったぜベイビー!」

と思うことがあっても黙っていたんです。でも、高橋君の姿勢を見て、弟子をアルバイトやパートと同等に扱っていたことに気づかされたのです。弟子として受け入れた責任が僕にはあるし、彼らにもある。

そこで、まず石井君と松橋君に言いました。「おまえら、弟子にして欲しいって言いながら俺から盗もうとしてないじゃないか。高橋がやってるのにおまえら先輩が先に帰るのはおかしいだろ。」と叱ったのです。

それから2人も店に残るようになりました。そして少しずつですが、彼らに仕事を任せていくように心がけていったんです。もちろん、ホントに少しずつですが。

感動したっ！

高橋君の話をもうちょっと。真夜中、2人でビールを飲みながらの話です。

僕　「おまえ、将来どうするつもりなんだ？」
高橋「最初は独立しようと思ってましたけど、今は違います」
僕　「どうするんだ？」
高橋「大将と一緒になんつッ亭を盛り上げたいと思います」
僕　「え？」
高橋「神奈川になんつッ亭あり！って言われるまで頑張りましょうよ！」

思わず抱き合いましたね。何遍も言いますが、僕は乗せられると勢いがつくタイプですから「こいつらと一緒に頑張ろう！」と本気で心に誓いましたよ。

おみやげラーメンとかカップ麺とか

感動話からいきなり飛んじゃいますが、僕の店では（今のところ、で

すが）「おみやげラーメン」をやっていません。補足すると、「店で売っているのと同じスープを冷凍した、お店と同じ味のおみやげラーメン」というのはやっていません。「お店と同じ味をご家庭でも」というフレーズはとても魅力的に響きますし、それを望んでいらっしゃるお客さんもたくさんいることは知っています。でも、僕には抵抗があるんです。

僕にとってお客様はみんな大切です。でも、その中で順序を敢えてつけるならば、実際に来店してラーメンを食べてくださるお客様が一番だと思っています。わざわざ時間をかけ、行列までしてもらって、お世話になっているからです。また、来店いただくことで（どう評価されるかは別として）僕たちの「実力」を見てもらえるからです。だから「おみやげ」を「店と同じ」と言いたくないのです。

ちなみに、そういうおみやげラーメンは店で売るのと同じか、それ以上の値段がするのが普通です。冷凍するためのコストとか、容器代とか考えると、値段がかかるのは当然です。でも、僕はそれにも抵抗があるんです。

ラーメンの価格というのは、ラーメンそのものの価格ではなく、サービスとか、雰囲気とか、最後にお客さんがお帰りになる時の「ありがとうございました」の挨拶まで、とにかく「お店で食べる」というトータルが「ラーメンの価格」だと思うんです。だからラーメンという商品だけを切り抜いて持って帰ってもらっても、本当に「ウチの味」と言えるかどうか疑問があります。だから冷凍のおみやげラーメンは（今のところ）やっていません。

ただし、ウチにも「おみやげ用ラーメン」はあります。でも、麺もスープも店と同じではありません。値段も店で食べるより安いです（それで

も自分では「まだまだ高いなぁ」と申し訳なく思っているのですが）。この商品「お家でなんつ」は、店の味をベースにおみやげ用に開発した商品です。

この商品が生まれたきっかけは、カップ麺でした。今もコンビニへ行くと、いろんな有名店のカップ麺が並んでいます。ウチも何度かカップ麺にしてもらいました。当たり前の話ですが、有名店のカップ麺の味と、その有名店の本物の味は違います。まあ同じだったらこっちが困るんですが、なぜ「違う」と断言できるのか、それは作り方が違うからです。だから「似せる」ことはできても、「同じ」には物理的にできないのです。まあメーカーさんは「コストさえかければ本物と区別できないくらいそっくりの味は作れますよ」とおっしゃいますが、もしそうだとしても、やっぱり作り方が根本的に違うので、「超そっくり」な別物と僕は考えています。ウチの場合、なかなか味を似せることができず、10回近く試作品を作り直し、「これでダメならあきらめよう」という瀬戸際で、ようやく納得できる商品ができました。

で、カップ麺と「お家でなんつ」の関係は何だ?という話なんですが、ご存じでしょうか、有名店のカップ麺というモノは、例外なく期間限定商品だということを。中には何度も再発売され、ほぼ定番商品になっているような場合もありますが、それでも通年で店頭に置いてあるわけではありません。ウチの場合も、商品はけっこう好評だったのですが、販売期間が終了すると手に入らなくなりました。するとお客さんから「家でも食べられる商品が欲しい」という声がかなりあったんです。じゃあ、自分たちでカップ麺の代わりになるような「おみやげ」をつくろうじゃないか、ということになったんです。もちろん僕たちの力でカップ麺は作れませんし、カップ麺よりも「より本物に近い味を」といろいろ工夫してできたのが、「お家でなんつ」だったんです。機会があれば試していただきたいんですが、これはそれなりの自信作です。ただ、生産量が

少ないのでどうしても単価が高いのが悩みですね。できればみなさん、たくさん買ってください。そしたらもっと安く提供できるようにがんばります。

それと、ウチのホームページでは「お家でなんつ」を使ったアレンジメニューなんかを紹介してますので、是非ともそちらも参考にしてもらい、それぞれのご家庭で楽しんでもらえたらうれしいです。

あ、でも店の味には及ばない（はず？）ですから、店にも来てくださいね。

第7章

「オレ東京へ行くぜ!」

まずは本店を移転

開店してから6年目､店を移動することになりました。今の本店です。移転した理由はいくつもあるんですが、今思えばタイミング、なんでしょうねえ。

まず、行列店になってから周辺とのトラブルが頻発したんです。ウチに限らず、行列が出来るラーメン屋さんはどこでも周辺との軋轢《あつれき》があると思うんですが、特にウチの場合、深刻でした。考えてみれば、住宅街のど真ん中なのでそもそも無理があったんです。「こりゃ移転しなきゃダメかなぁ」とずっと思っていたわけです。

それともう一つ気になっていたのが、店がボロイ（笑）ことでした。それまで気にしたことはあんまりなかったんですが、マスコミに取材されるようになったり、他のラーメン店主とつきあいが出来ると、「ウチの店ってボロくね？」とひけめを感じるようになってきたんです。
さらに言えば、人の見る目が変わってきたことがあります。それまで僕は「丹沢食堂の息子」と地元で言われてきたんですが、だんだん逆になり、今度は親父が「なんつッ亭の父親」と呼ばれるようになってきた。まあそれだけ評価されてきたわけですが、そうなるとやっぱり店がボロイのが気になってくる。見栄っ張りなのはなかなか治らないですね。

そんな頃に今の本店を借りないか、という話が来たわけです。今の店は国道２４６沿いで、思えば親父の丹沢食堂があったところでもある。「故郷に錦を飾る」みたいな思いもあって決めました。

ただ、反対意見もありましたね。結局お金をかけて1軒閉めて1軒開くわけですから、プラスマイナスゼロだから効率的じゃないとか、お金を出すならもっと都会に出店すべきとか。

でも、計算抜きでちゃんとした店が欲しかった。製麺室も欲しかったし、スープ室も欲しかった。今後店を増やすかどうかはともかく、自分なりのやってきたことの結果として自分で誇りに思える店が欲しかったんです。

幸いにも移転は成功し、売上げも伸びました。

余談ですが、店には屋号よりも大きく「うまいぜベイビー」という看板が掛かっています。これは親父に猛反対されまし

現在の秦野本店

た。なにしろ親父は親戚中に「頼むから誰か、あのバカを止めてくれ。」って電話しまくったくらいです（笑）。

⑨品川からの誘い

そこから勢いがついたというのか、翌年、品川のラーメン集合体「品《しな》達《たつ》」から出店の誘いがあったのです。

それまでにも出店の誘いがなかったわけではないのですが、余裕がなかったり、魅力を感じなかったりして、あまり興味がありませんでした。でも今回は違いました。いろんな意味で条件がそろっていて、これまた「チャーンス！」と思ったのです。

まず立地が良いと思いました。ホントに良い立地かどうか、人によって判断が違う場所だと思いますが、僕は勝算アリと判断しました。

当時（といってもそんなに昔じゃないですが）の品川駅西口（高輪口）

の周辺というのは、駅の規模の割には飲食店が少なくて、あっても老舗の洋食屋さんとか、制服の有名なファミレスとか、アメリカ直輸入のハンバーガー屋さんとか、まあ僕の感覚で言えば「あかぬけた」店ばかりに見えました。そんなお店でお昼を食べている中年サラリーマンを見て「なんだか居心地が悪そうだな」と思ったんです。

僕は大衆食堂の息子でラーメン屋のオヤジですから、「もっと気楽にメシが食べられる店、例えばラーメン屋を、品川のオヤジたちは待っているに違いない」と直感したんです。

それと、スタッフに余裕がありました。本店移転でスタッフの数を増やしたからです。それまで6年間、ぎりぎりのシフトでやっていましたから、人が増えて楽になった分、「これでいいのか？」という不安もあったのです。

さらに言えば、前に話した高橋君が1人で店を切り盛りできるまで成長し、「本店は高橋に任せて俺は品川に専念できる」という目算が立っていたのです。

でも不安要素はありました。品達へ行けば勝算はある。でも本店を上回る忙しさになるかもしれない。しかも年中無休、営業時間も決まっているので「売り切れしまい」というわけにもいかない。はたしてそんな営業について行けるのか。1軒の経営しかしたことがないのに、いきなりハードルが高すぎるんじゃないか、そう思ったんです。

その時、背中を押してくれたのは、スタッフの「やりましょう！」という声です。とどめは今回も高橋君でした。

「大将、やりましょう！　ニッポンになんつッ亭ありって言われるまで頑張りましょう！」

この台詞で腹が決まりました。僕ってホントに単純なんですね（笑）。

9 品川はてんやわんや

ちなみに品川出店も、親父に反対されていました。「ちょっと田舎で忙しくなっただけだろ！調子に乗るな！」と言うのです。例によって「あのバカを止めてくれ。」と親戚中に電話で頼んでました。

でも、心配だったらしく、レセプションの日、わざわざタクシーで見に来てくれました。ひょこっと店に顔を出して「おまえの店が一番並んでるじゃないか。」と喜んで帰って行きました。

それからしばらくして親父は亡くなりました。僕としては、さんざん迷惑をかけた親父だったけど、最後にちょっといいとこが見せられた。親父を送る時、「ああ、なんとか間に合った」と思いましたね。

でも、品川はやっぱり大変でした。とにかく信じられないほど忙しい。

しかも慣れない厨房で段取りが悪い、仕込みが追いつかない、スープが安定しないなどトラブル続出。でも、お客さんにも品達にも迷惑はかけられない。

特に最初は僕1人で麺あげをやっていたから正直かなりきつかったです。1日およそ500杯から600杯ぐらいですかねぇ。やったことある人?ならわかると思うんですが、これはほぼ休みなく1日中麺あげし続けてる感じです。当時僕は店の近所に部屋を借りていたんですが（3階建ての3階、もちろんエレベーターなし）階段を上がるのも辛くて、這うように部屋にたどり着いたらもうへとへと。「せめて風呂に入ろう」とお湯を貯めようとしたまま寝てしまい、朝までお湯出しっぱなし、なんてことが何度もありました。

僕だけじゃありません。毎日夜中の2時3時までスタッフ総出で居残ることになり、全員睡眠不足、という事態になりました。スタッフの中

にも、閉店後お金を数えながら倒れて寝るヤツがいましたね。

結局、本店の定休日に応援を仰いだり、人員を増やしたり、手慣れてきたりとかいろいろあって、品川店はなんとか安定することが出来ました。

この経験は、次の川崎出店の時に活きましたね。だから川崎は非常にスムーズに開店できたし、大きなブレもなく、早い時期に安定させることが出来ました。

池袋で学んだこと

ところが、調子に乗って出店した4軒目の池袋は苦戦しました。品川、川崎はディベロッパーへの出店であり、立地も駅に隣接して好立地だったのですが、池袋は本店以来の路面店、しかも駅からはちょっと距離もあり、人通りもまばらな場所です。

でも、僕には自信がありました。今思えばおごりがあったんです。「俺がやればなんとかなる」なんてね。

ところが、最初の1年くらいはまずまずだったのが、次第に味が不安定になってきた。その影響で客足もトーンダウンしていったんです。さらに言えば、客足こそ大きく落ちなかったものの、品川や川崎までスタッフの空気が悪くなったりして変になり始めたのです。

「アレ？おかしいぞ」と思ったものの、しばらく原因がわかりませんでした。本店は高橋君に任せてあるので、僕が管理するのは品川、川崎、池袋の3軒です。品川、川崎の2軒だった頃にはうまくやれたのに、1軒増えただけで歯車がくるい始めたのです。

ちなみに僕が遊んでいたつもりはありません。むしろ僕の動きは2軒よりも3軒の方がずっと忙しくなっていました。にもかかわらず管理で

きなくなっていたのです。

しばらくして気がつきました。これは組織を作っていないからだ、と。考えてみれば品川と川崎はすぐ近くです。でも池袋は同じ都内だけど比較すると遠い。僕は車移動でしたから品川、池袋間は片道1時間以上、ヘタをすると2時間かかる場合もあります。そうでなくても1軒あたりの滞在時間が減っているのに移動時間もかかる。いや、それ以前の問題として、もはや僕1人で管理できる規模ではなくなっていたのです。

ここから僕は組織作りを本気で始めました。それまでは見よう見まねだったものを、自分を頂点としたピラミッド型の組織を作り、僕と店長の間にスーパーバイザーみたいな人間を置くことにしました。

組織作りは今もまだ発展途上中ですが、池袋での苦い経験が、その後の札幌出店や海外出店など、遠隔地に出店できるシステム作りに役立ったと思っています。

出店ってなんだろう

僕は、最初の支店を出すまでに7年かかりました。本店がいわゆる行列店、繁盛店になってから数えても、3年はかかっています。さらに言えば、最初の支店（品川店）を始めた時も、僕が先頭に立って必死に働かないと、店は回りませんでした。これって僕の要領が悪かったんだろうか、展開が遅かったのだろうか、なんて考えたことが何度もありました。特に僕の後輩に当たるラーメン店主は、みんな僕なんかよりずっと事業展開が早いので、「みんなすごいよな」と感心しています。

でも、時間がかかったからこそ、得るものもあったように思うのです。何十年も1軒の店を守り続けた先輩もいますし、僕なんかが偉そうに語るのも気が引けるのですが、それでも僕なりの基準ですが「それなりの時間を、自分の店で過ごし、直接お客さんと対面しながらやってきた」

という自負はあります。

店を増やすことが「正しいか正しくないか」は、僕にはわかりません。1軒の店を守り続けることは立派だと思います。逆に、より多くのお客様に喜んでいただく、あるいは一緒にがんばっているスタッフに報いる、さらに正直に言えば僕自身にもがんばったことへのご褒美が欲しい、そのためには出店が必要だと思っています。

僕はこれからも、この一生かかっても答えの出ない命題と、格闘しながら商売をやっていくつもりでいますよ。

第8章 「今度は世界へ行くぜ!」

最初はタイからのお誘い

僕、最初は海外なんか全然関心なかったというか、他人事だったんです。確かに『一風堂』さんがニューヨークで成功したりしているのを直接見て、憧れは感じましたけど、じゃあ具体的に、と思っても何をしたらいいのか見当もつきませんでした。

そんなある日、タイの人が訪ねてきました。なんでもCグループというタイではとんでもなく大きな企業の人らしいのですが、なんつッ亭の味をタイでやりたいというのです。向こうが言うには「自分たちは日本中のラーメンを食べ歩いた。その結果、おまえのラーメンが最もタイ人に絶対喜ばれる味だ。だからタイでやらないか。」という話。何を根拠に（笑）とは思ったんですが、興味もあったし、こちらのリスクも少ないという話だったので、ついノリで進めよう、という事になりました。

そこでまず、スタッフを連れてタイに乗り込み、試作を作ることにしたんですが、それが大好評！　みんな「クリーミー！」とか「甘みがあっておいしい！」とか、なんか日本以上の手応えがありましたね。しかも試食してくれたのは、タイのお金持ちの人々なんですが、彼らはものすごい金持ちでグルメなんです。そんな人たちに絶賛されたことで「これはいけるかも」とすごい自信になりましたね。

ところが、契約を詰めていく段階で問題が続出。こちらとしても譲れないところは譲れませんから、結局、折り合いがつかず話は立ち消えになってしまいました。ここで学んだのは、外国人との契約事は大変だということと、しょせん他人のふんどしでは自分が納得いく仕事は出来ないということでしたね。

行き先はシンガポール

でも、せっかく「俺たちの味は世界で通用する」と自信がついたし、「海

外進出するぜ！」と勢いもついちゃったので、なんとか形にしたい。そこで今度は自分たちから海外出店を前提にいろいろ調べてみました。

すると予想以上にハードルが多いことを知ったんです。なによりの難関は（調べた範囲の国では）相手国の企業と組まなければ進出できないことでした。外国人との共同事業には懲りているので、なんとか自力で海外進出できる国はないか、そこで行き当たったのがシンガポールでした。

シンガポールのことはよく知らなかったんですが、行ってみるとお国柄が割と日本に近い感じで、「なかなか良い国かも」という印象でしたね。それに日本のラーメン屋さんがすでに進出していたので、諸先輩からアドバイスももらえました。それでまあ「これならいけるぞ」という気持ちになったんです。

⑨ 海外で店をやるのは大変だ！

海外で店を経営するというのは、ホントいろんなことがあります。日本でやってる限り想像もしなかったようなトラブルとか課題が次から次と出てくるんです。

例えば食材。僕らが作っているのはジャンルで言えば「とんこつラーメン」ですから、当然とんこつが必要です。でもシンガポールではとんこつを手に入れるのが結構難しかったりするのです。日本の場合、とんこつが欲しかったら肉屋さんに注文するだけでＯＫです。ところがシンガポールを含む海外では、そうはいきません。僕も詳しくは知らないのですが、どうやらとんこつでスープを作る習慣があまりないらしく、流通していないのです。

従業員のことでも、やっぱり日本人と外国人では考え方も違うので、ラーメン作りの教え方も変わってきますね。僕も日本で外国人に働いてもらっていますが、それと、外国で現地の人を雇用することは、全然別です。

まず、日本人同士なら感覚で伝わることも、外国人に対してはきちんと理由を説明できないと理解してもらえません。技術的なことも、「こんな感じ」ではダメで、具体的な数字で説明する必要があります。例えば、シンガポールではスープを炊く時、ボーメ計（濃度を測定するもの）を使っています。こんなこと日本ではやったことがありませんでした。

海外は有望かも？

シンガポールで僕が感じたことと言えば、やっぱりお客様の反応ですね。まず驚いたのは、かなりの人が「とんこつ」という日本語を知っていたことです。現地のお客様が「この店はとんこつか?」と英語で聞くんですよ。ちなみにとんこつは、そのままTONKOTSUと言うのがほとんど。ちなみに英語ではPORK BORNと言うらしいです。

なんで聞くかというと、みんなとんこつが大好きだからなんですね。これも僕の感覚なんですが、ラーメンの主なジャンル、しょうゆ、味噌、塩、とんこつの中で最も外国人に人気があるのは、とんこつ味だと思いますね。

それとおもしろいのは、シンガポールでは全部食べきれない場合、お客様は麺を残し、スープだけ飲みきります。日本だと麺を食べてスープを残しますよね。この違いはたぶん、(少なくとも僕らのラーメンは)シンガポールでは麺料理ではなくスープ料理と受け取られているんだと思います。つまり、麺は具みたいな扱いで、メインはスープだというわけです。

魅力は味だけじゃない

もうひとつ強く感じることは、シンガポールのお客様は、僕たちの「サービス（接客）」をすごく喜んでくれる、ということです。

ウチの接客は、「元気がいい」とそれなりに自負してますが、とりたててレベルが高いとは思いません。お客様が来たら「いらっしゃいませ」、帰る時には「ありがとうございました」、まあ日本なら普通だと思います。でも考えてみれば、外国語に「いらっしゃいませ」という表現はないんですよね。高級店は知りませんが、普通の飲食店なら無言で迎えられるか、「ハロー」とか「ハーイ」です。でもこれって友だちへの呼びかけと同じですよね。お客様をお迎えする専用のことば「いらっしゃいませ」、これだけでも価値があるんです。

ちなみに2011年現在でシンガポールでウチのラーメンは12シンガ

ポールドル、１ドル＝約64円として、７６８円、日本で売っている値段が７００円ですから、日本より少し高いことになります。シンガポールは物価の高い国ですが、外食は平均的にかなり安いので、実質的な価値でいうと、日本なら１０００円以上の値段だと思います。これはウチに限った話ではありません。シンガポールに進出している日本のラーメンはおおむね12～15シンガポールドルはします。トッピングしたり、サイドメニューを頼めば20ドルぐらいいくかもしれません。つまりシンガポールでは、ラーメンは「プチ贅沢」なのです。

そのせいもあってか、他のラーメン屋さんは内装にお金をかけている場合が多いんですが、ウチは日本の店と同じように壁はコンクリート打ちっ放し、段ボール紙のポスターという創業以来のシンプルスタイルを選びました。サービスも同じ、きめ細やかとは言えないけど、元気よく、

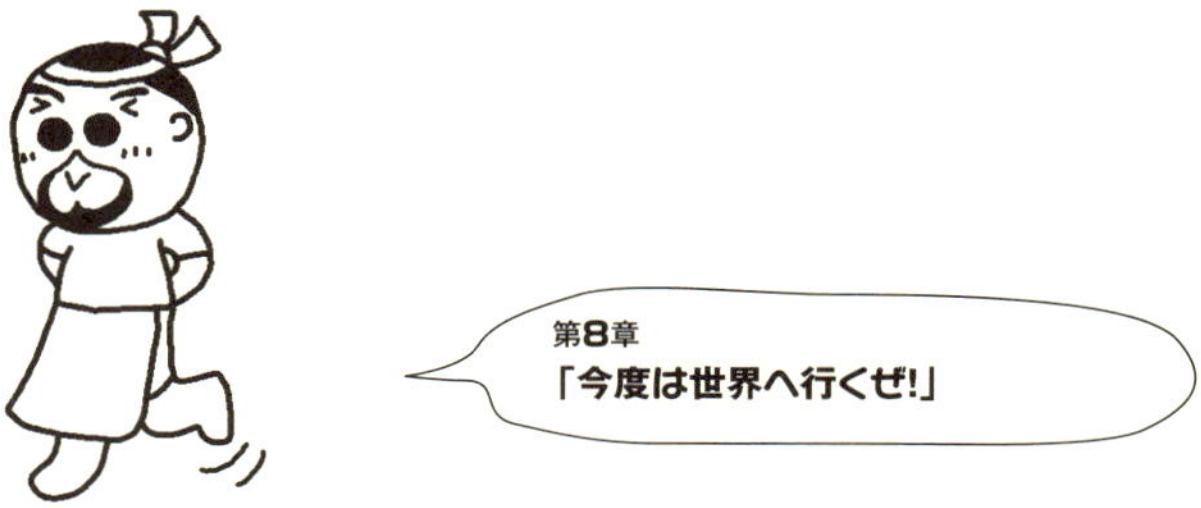

シンガポール店の様子

明るく、これも日本と同じです。

幸いなことに、これが地元のお客様達に支持してもらっているんです。

僕は思うんですが、ラーメンには「ふさわしい居場所」があるのではないでしょうか。人間は生きている以上メシを食べますし、普通に生活していれば外食の機会も多いはずです。そんな中、「今日は特別な日だから贅沢に」という日もあるでしょうが、ほとんどは「肩肘張らず気楽に食べたい」だと思うのです。そしてラーメンは「気楽な」大衆食の代表です。そんなことはないですが、ラーメン屋に入ったら蝶ネクタイのウエイターがうやうやしく一礼し、椅子を引いて座らせてくれたら……僕はそんなラーメン屋は行きたくないですね（笑）。堅苦しいラーメン屋なんてまっぴらです。

ラーメンは気楽な食べ物、それは海外であっても同じだと思うのです。

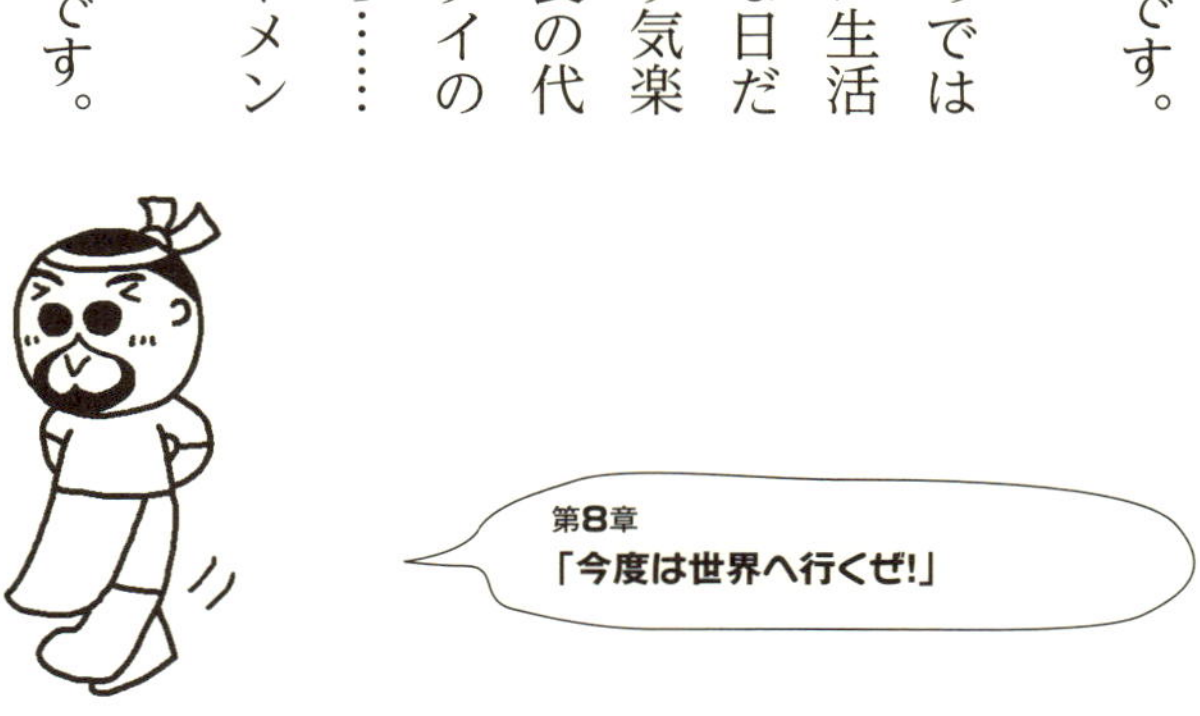

もちろんその範囲で最善の接客を目指すことは当然です。僕は、飾らない日本の大衆食堂スタイルも、海外で大きな魅力になると信じています。

第8章
「今度は世界へ行くぜ!」

第9章
「とんこつだけじゃないぜ!」

2つの味

あんまり知られてないと思いますが、僕たちの店は、『なんつッ亭』だけではありません。西新宿で味噌ラーメンの専門店『味噌屋八郎商店』、下北沢でタンメンの専門店『熱血!!スタミナタンメン　五郎ちゃん』という店をやっています。

ちなみにこの2店で出しているラーメンは、『なんつッ亭』で出しているラーメンとは全くの別物です。『なんつッ亭』との共通点といえば「ふざけた名前の店」というくらいでしょうか。

なんでこんなお店をやっているか、理由はいくつかあります。まず、自分たちの「引き出し」が増えたことです。テレビや雑誌といったマスコミとおつきあいしていると「番組用(取材用)に新作ラーメンをつくって欲しい。」というオーダーが結構あります。そうして生まれた新作ラーメンを使い捨てにするのももったいないので、まかないで作ったりしているうちに、改良したりいろいろ自分でも研究するようになります。それが積もり積もって引き出しが増えたわけです。せっかく増えた引き出しですから、お客さんにも食べてもらいたい。でも『なんつッ亭』で出してもお客さんには評価してもらえないかもしれない。どうせなら別業態でやりたいなあと思ったわけです。

もう一つの理由は、自分たちがこれから成長していくために、『なんつッ亭』とは別のブランドを作りたいと思ったからです。自分たちの可能性みたいなものを広げたかったんです。

さらに言えば、創業して12年過ぎたことがあります。特に意味はないのですが、僕は干支を一回りすることがひとつの節目だと思っています。節目を迎えたら新しいことにチャレンジしてみようと、実は前々か

ら思っていたのです。逆に言えば、新しいチャレンジは、節目まで待とうと思っていました。

味噌味の八郎

『味噌屋八郎商店』は、「場所」から始まりました。不動産屋さんが提案してきたテナントは、西新宿、小滝橋通り沿い。『麺屋武蔵』『中本』など有名店が建ち並ぶ都内有数のラーメン激戦区です。そういう意味ですごくおもしろい場所だったんですが、なにしろ店が狭い。ウチの場合、作り方の都合でかなり広いスープ室が必要なのです。なので『なんつッ亭』をやるのは物理的に無理でした。

当然、僕はあきらめるつもりだったんですが、スタッフから待ったが入りました。

「こんなおもしろい場所に出店するチャンスはそうありませんよ！　やりましょうよ！」

「でも狭いから無理だよ」
「狭くてもやる方法ありますよ！　やりましょう！」

あんまり強くプッシュされるので、僕は考えました。「なんつッ亭のとんこつラーメンを作るのは無理だけど、今まで暖めてきた新作ラーメンならやれるかも」と思い、いろいろ考えた末、味噌ラーメンを出すことに決めました。

味噌ラーメンといえば、北海道ですよね。僕は自分の店もあるので札幌に行く機会が多いんですが、行くとやっぱり味噌ラーメンを食べてしまいます。確かにおいしいです。でも、味噌ラーメン＝北海道というイメージには抵抗がありました。思えば味噌は全国で造られていて味も豊富なバリエーションがある。味噌汁だってバラエティ豊富だ。ならば味

噌ラーメンだってもっといろいろあってもいいじゃないか、というわけで、味は僕が考えた関東風味噌ラーメンです。今まで作ってきた味噌ラーメンの中で、いちばんスタッフに支持された味を選びました。

そこまで決めておきながら、やっぱり躊躇はありました。『なんつッ亭』の味ならある程度の成績は読める。でも味噌味は未知数。心配する声はありました。たぶんオヤジが健在だったらまた親戚中に電話をして「アイツを止めてくれ。」と言ったかもしれません。

それでも前に進んだのは、スタッフの後押しです。もう『なんつッ亭』は自分個人のものじゃない、みんなと一緒にやっていくんだ。ならスタッフの想いに賭けてみよう、と思ったんです。

おかげさまで『味噌屋八郎商店』は大ブレイク、とはいきませんでしたが、堅実にがんばっています。

タンメンの五郎ちゃん

『熱血!!スタミナタンメン　五郎ちゃん』も、きっかけは「場所」でした。前回と同じように不動産屋さんが提案してきたのは、下北沢の物件。こちらは正直言って立地的に「ぱっとしない」印象でしたね。だから見送ろうと思ったんですが、やっぱりスタッフから「やりたい！」という声が上がったのです。

そこで今度は、最初から「やる」という前提で考えてみました。下北沢といえば、若者の街。僕の超勝手なイメージでは、「演劇とかやっているビンボー青年が、安酒を飲みながら夢を語る場所」です。（メチャメチャ偏見ですいません）

じゃあそんな（僕の想像上の）下北沢住民にどんなラーメンを提案しようか、と考えました。まず、彼らはきっと野菜が不足しているに違い

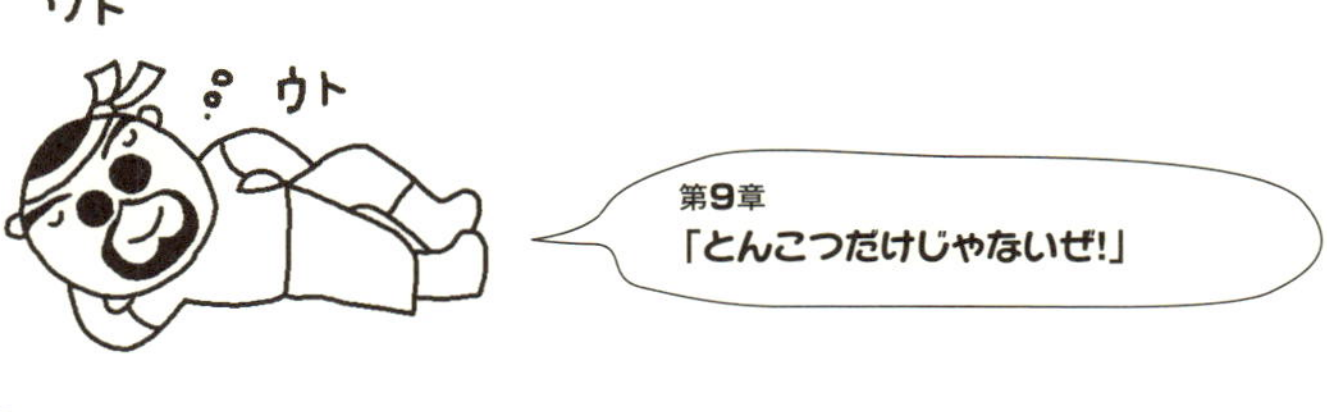

ない。だから野菜たっぷりがいい。ここでタンメンという構想が決まりました。次に味を考えました。僕はどっちかというと濃い味、ガッツリした味が好きなんですが、そういうのは毎日食べるのはきついですよね。だから『五郎ちゃん』は刺激的な味は避け、毎日食べられる優しいラーメンにしようと決めました。最後に若者の街なんだから、自分の出来る範囲で価格は抑えめでいこう。こうして『熱血!!スタミナタンメン　五郎ちゃん』の輪郭はできあがっていったのです。

実際、いつものようないかついメンバーが、優しい味のラーメンを提供するギャップは、自分で見ていてもおもしろいですね。

2つの味はまだまだ成長途上、今後どうなっていくのか僕にも予想は出来ませんが、いろんな可能性を秘めていると思っています。それに勉強にもなっています。この成果をどう活かすかは、今後の『なんつッ亭』

に期待ください。

最終章

「未来へ行くぜ！」

3月11日

ちょうどこの章を書いている頃、東日本大震災が起こりました。想像を遥かに超える甚大な被害、そして福島第一原発の事故、さらに続く余震など、先の見えない不安な日々が、震災から1ヶ月過ぎた今この現在も続いています。

幸い、というのもはばかられますが、僕、僕の家族、スタッフに被害はなく、お店の被害もほぼありませんでした。震災当時、僕は打合せで品川にいたのですが、すぐに店に戻り、なんとかみんなの安否が確認できたのは夜でした。震災そのものについて、僕の体験なんか残すほどの価値はないので割愛します。ただ、この章の内容は大きく書き換えることにしました。これは僕に限らず、ほとんどの日本人にとって価値観とかこれからの方向性とかが大きく変わった一例だと思いますし、こんなささやかな本にも、たぶん歴史に残るだろう災害が残した爪痕です。

9 震災とラーメン

震災の悲惨な全容が明らかになるにつれて、「自分が出来ることはなんだろうか」ということばかり考えてきました。僕は大勢の一員という立場に過ぎませんが、２００７年新潟県中越沖地震の被災地に料理ボランティアに参加したことがあります。僕のささやかな経験で言うと、被災地でラーメンはとても喜ばれるんです。避難所生活ではどうしても「冷たい」「乾いた」食事が多く、「温かい」「汁気の多い」食事が少ないとか。そういう意味で言えばラーメンに勝る料理はなかなかないと自負しています。

ですから、今この時期にラーメンの炊き出しを行うことは、立派な価値があると思います。実際、僕の先輩後輩の同業者がたくさん被災地で炊き出しのボランティアをやっています。いろんなハードルを越えてボ

ランティアを実践しているみなさんの行為には頭が下がります。

そこで僕は改めて考えるのです。「僕には何が出来るだろうか」。考えた末、僕は別の形での支援活動をすることにしました。

ラーメン出店支援制度

僕が考えたのは、ラーメン出店支援制度（仮称）というものです。まず被災地の自治体と連携し、被災者の中から「地元でラーメン店をやりたい」という方を募集します。希望者は僕の店でラーメンの研修をやってもらい、技術指導から出店支援まで一貫してサポートします。もちろん研修中の住居や生活も保証するつもりです。そのためには比較的短期間で習得できるラーメンの開発も必要だし、実際の出店となると僕だけの力では足りず、自治体や金融機関との連携も必要です。いろんな準備を今やっています。

もともと僕は今回の震災とは関係なく、自分なりの「のれんわけシステム」を考えていました。これからは僕だけが社長という「ひとつだけのピラミッド」ではダメだと思ったからです。
今まで一緒にがんばってきたスタッフにもそれぞれ社長になってもらい、相応の待遇で報いたい。そんな小さなピラミッドをたくさん作ってみんなで伸びていく組織にしたいと思っていたのです。そのための準備は始めていました。それを震災支援に応用したつもりです。

このシステムには2つの想いを込めています。一つは僕が考える「息の長い支援」です。炊き出しは重要ですが、それ以外の支援方法も必要だと思ったのです。復興するには仕事が必要です。被災地に被災者が店を開く、というのは「手に職をつけてもらう」ことで将来に続く「食い扶持」を生むことになるし、店が栄えれば被災地の「雇用の創出」にも

なる、一石二鳥だと考えたわけです。

もう一つは「被災地に被災者がラーメン店を出す」という行為そのものが「復興のともしび」になるんじゃないか、という期待です。

ラーメン力（りょく）を考える

思えば、こういう非常事態にこそ、ラーメンには果たせる役割があるような気がします。それは「温かい汁物」という実用性ではありません。もっと根本的な話です。

ラーメンは「国民食」と言われてきました。でも、その意味合いとかルーツって何でしょう？

ラーメンが日本人にとって日常食になったのは、戦後と聞いています。当時の日本は深刻な食糧難、味うんぬんなんかかまう余裕はなく、人々は飢えを満たすために食べ物を欲していました。そんな中でラーメンは広がっていったとか。たぶんラーメンというのは「質の悪い食材を、どうすればおいしく食べられるか」という先人の工夫の産物だったんでしょう。

そういえば、僕の親父は「おまえ、なんでラーメン（の食材）にお金をかけるんだ?」とよく言っていました。親父は戦後の食糧難時代を経験し、飲食業をずっとやってきた人なわけですが、そんな親父にとって今どきのコストをかけたラーメン作りは、最後まで理解できなかったようです。「だってラーメンは、安い材料で作るモノじゃないか。」と何度も聞かされました。

もちろん、戦後と震災後は全く違います。ラーメンは今やしっかりしたコストと手間をかけた人気料理だし、食糧難でもありません。でも接点はあると思います。

僕は近年、マスコミでご一緒した縁でフレンチやイタリアン、和食や

寿司といった高級食の一流料理人の方々とおつきあいする機会が増えました。僕に限らず、ラーメン職人は高級食の料理人とつきあうことは、それなりの葛藤があると思うんです。先方は意識してないと思うんですが、どうしてもこっちは居心地が悪い部分があるのです。向こうは基礎から応用まで技術が確立しているし、修行期間も長いし、食材にもお金をかけられる。そんな違いが「負い目」になったり、「負けねぇぞ」という気持ちになったりするのです。

でも今は違います。ラーメンだからできる、ラーメンにしかできないことがあるからです。

ラーメンは戦後の復興と高度経済成長を食の面で支えてきたと思います。だからこそ震災の復興と繁栄のために必ず貢献できると信じています。

9 一緒にがんばろう!

最後にちょっと補足です。ラーメン出店支援制度ですが、誰でも、というわけにはいきません。希望者にも相応の努力の必要とか条件があります。自分たち『なんつッ亭』の味や想いをしっかり受け継いでもらうことが必要です。安易に店を出しても長続きはしません。本当の復興のためには、覚悟も必要だと思っています。

詳細が決まり次第、できるだけ早く、何らかの方法で募集を始めます。「自分が地元を盛り上げるんだ」と覚悟を決めた方をお待ちしています。僕らに出来る限りの応援はします。一緒にがんばりましょう。

なんつッ亭宣言！なんちゃってね

最後に、僕たちが大事にしている「ことば」を記します。これは名刺大のカードに印刷して、僕を始め、スタッフ全員に携帯してもらっています。

「私たちなんつッ亭グループは、日本はもちろん全世界の人々の食生活と食文化の発展に貢献し、お客様の喜びを創りつづけます…今までも…
そして、これから先も…」

うまいぜ
大将くん
完

最終章
「未来へ行くぜ!」

あとがき

どうでした？って聞いてしまう小心者ですいません。

ちょっと偉そうなことを書きすぎたんじゃないか、と反省しています。僕をよく知っている人からは「美化しすぎじゃね」というつっこみも覚悟しています。

でも、ここに書いたことにウソや作り事はないつもりです。「これも僕のホンネ」だということは責任持ちます。

東日本大震災の復興はまだ形も見えず、福島第一原発の事故も終息が見えず、余震の不安も消えない今、こんな本を出していいのか、ちょっと迷うところではありますが、「それでも前に向いて歩かなくちゃ」と思っています。

僕の個人的な印象を話せば、シンガポールにも原発事故の影響がありました。お客様から「食材の放射能は大丈夫か。」みたいな質問が相次いでいます。「食材は日本産ではないので大丈夫です。」と説明していますが、これも震災前では考えられないことです。それまでは「日本産の食材、食品」と言えば、「安心」「安全」「美味しい」と三拍子そろった信頼の代名詞でしたからねぇ。この風評被害は、当分続くと覚悟しています。

その代わり、ではないですが震災後の日本人の対応は海外で高く評価されています。「日本産」はイメージダウンしましたが、「日本人」の株は上がったのです。今まで海外で日本と言えば「技術」とか「品質」で語られることが多かったのですが、これからは日本の「心遣い」とかが僕らの武器になるような気がしますね。

これから先に何が待っているのか、誰もが不安な時代。だからこそ僕が、僕たちが出来ることを精一杯がんばってやろうと思う今日この頃です。

僕自身の人生の後半戦、そしてなんつッ亭グループの第2章はまだスタートしたばかり…もちろんすべてのことに全力投球で望んでいきます…いつか振り返るその日まで…なんて、ちょっと偉そうですが。

最後まで僕の話を聞いてもらい、心から感謝です！

2011年4月　古谷一郎

なんつッ亭　店舗紹介　　ホームページ　http://www.nantsu.com/

■ 秦野本店
〒259-1313　神奈川県秦野市松原町1-2
TEL／0463-87-8081　FAX 0463-87-8084
営業時間／11:30〜23:00（LO　23:00）　年中無休

■ なんつッ亭・弐　品川店
〒108-0074　東京都港区高輪3丁目26番20号
TEL／03-5791-1355　FAX 03-5791-1322
営業時間／11:00〜23:00（LO　23:00）　年中無休

■ なんつッ亭・参　川崎店
〒210-0007　神奈川県川崎市川崎区駅前本町26-1
TEL／044-223-1603　FAX 044-246-3939
営業時間／11:00〜22:30（LO　22:10）　年中無休

■ なんつッ亭・袋　池袋店
〒171-0021　東京都豊島区西池袋1-43-9　アミューズ池袋ビル1階
TEL／03-5391-1127　FAX 03-5391-1128
営業時間／11:00〜23:00（LO　23:00）　年中無休

■ なんつッ亭　水戸店
〒310-0015　茨城県水戸市宮町1-7-31　エクセルみなみ4F
TEL／029-306-9995　FAX 029-306-9996
営業時間／11:00〜22:00（LO　21:30）　年中無休

■ なんつッ亭　シンガポール店　NANTSUTTEI SINGAPORE
Private House No.P3-06,#03-02 Millenia Walk
9 Raffles Boulevard,Singapore 039596
On the 3F of PARCO Marina Bay
TEL／ (65) 6337-7166　FAX(65) 6337-7791
Open／AM11:00 - Closes PM10:30　年中無休

〈なんつッ亭　GROUP〉
■ 味噌屋八郎商店
〒160-0023　東京都新宿区西新宿7-5-5　プラザ西新宿102
TEL／03-6304-0420　FAX 03-6304-0421
営業時間／11:00〜23:00（LO　23:00）　年中無休

〈なんつッ亭　GROUP〉
■ 熱血!!スタミナタンメン五郎ちゃん
〒155-0031　東京都世田谷区北沢2-32-6　ビリオンビル1階
TEL／03-6796-3156　FAX 03-6796-3256
営業時間／11:00〜23:00（LO　23:00）　年中無休

うまいぜベイビ〜 伝説

発行日　　平成 23 年 6 月 20 日　初版発行

著　者　　古谷一郎（ふるや いちろう）
発行者　　早嶋　茂
制作者　　永瀬正人
発行所　　株式会社旭屋出版
〒107-0052　東京都港区赤坂 1-7-19 キャピタル赤坂ビル 8 階
郵便振替　00150-1-19572
電話　　03-3560-9065（販売）
　　　　03-3560-9066（編集）
FAX　　03-3560-9071（販売）

旭屋出版ホームページ　http://www.asahiya-jp.com

企画　　井上久尚
構成　　ヤマダ寅吉
パラパラマンガ　ミナミユウコ
デザイン　宮本郁
印刷・製本　株式会社　シナノ

ISBN978-4-7511-0929-8　C0034